こどものこころの環境

現代のクライン派家族論

The Educational Role of the Family:
A Psychoanalytical Model

Donald Meltzer and Martha Harris

ドナルド・メルツァー＋マーサ・ハリス

木部則雄＋池上和子ほか 訳　山上千鶴子 解題

Ψ
金剛出版

はじめに

私たちのモデルとその変遷

メグ・ハリス・ウィリアムズ

コミュニティ・家族のなかの子ども（the child-in-the-family-in-the-community）についての精神分析的モデルの開発は、一九七六年に、経済文化開発機構（OECD : Organization for Economic and Cultural Development）のベリズフォード・ヘイワード（Beresford Hayward）によって、家庭における教育についての課題解決を支援するための方策を開発するプロジェクトの一環として委託されたものです。また本書（の内容）は、子どもや家族に関する豊富な精神分析の経験だけでなく、マーサ・ハリス（Martha Harris）とその夫ローランド・ハリス（Roland Harris）（一九六九年没）による学校領域での教育とカウンセリングの経験をも基盤としています。この業績は、一九六八年、タヴィストック・クリニック（Tavistock Clinic）におけるスクールカウンセラー課程の設立として結実しました。大胆かつ独創的なこのモデルのねらいは、添付している図解（口絵参照）が示しているように、子どもにとっての外的存在および社会的存在の同心円において子どもが利用できる多様な学びのモードを、純粋に精神分析的視点（内的現実について）から記述することです。

このモデルは、まずフランス語で刊行され（OECDはパリを拠点としています）、次いでイタリア語、スペイン語で刊行されました。オリジナルの英語のテキストは、後にドナルド・メルツァー論文集（ハーン（Hahn）編1994）に収められましたが、英国ではこれまで単著として刊行されませんでした。本書は、ヨーロッパ大陸や南アメリカではセラピストや教師、教師養成者、ソーシャルワーカー、カウンセラーによって広く用いられています。イタリア語版の序文に、著者たちは次のように記しています。

家族生活のモデルの構造は、その時々の政治的・社会的価値ではなく、心的現実に深い起源をもっています。したがって、このモデルがもつ普遍的な特徴は、永続的な価値に根ざした国際的合意が成立できるという期待を抱かせるものです。（Meltzer & Harris, 1986）

その中核にあるのは、（ビオン（Bion）の用語である）個人の基底的想定についての神話と、経験から学ぶことという養育とのあいだで揺らぐ家庭生活の像です。このモデルの精神分析的視点によって、ある特定の国に適用された教育システムにおける標準的モデルの社会的・文化的な特徴について考察することができます。さらに、子どもがいかに学ぶかについての根本的な原理、および実際に行われる学ぶことのさまざまなタイプの意義と価値に焦点を当てることができます。ただし、これらの原理を理解するための実践的な示唆を規定することを、ここでは目指していません。なぜなら、それらは政策担当者や学校の教育者、また教育的役割をもつ他の機関の職分だからです［1］。

教育とは、狭義・広義いずれにおいても、幼児期の心性を大人の心性に結びつけるものであり、内的世界を外的世界に、すなわち内的な自己発達を社会に対する外的な有用性と結びつけるものです。このモデルでは、家庭それ自体がひとつの教育機関とみなされます。もちろん、家庭には教育機関という機能しかないわけではありません（家庭には養育にまつわる他の側面についても責任がありますし、機関としてではないアイデンティティも併せもっています）。問題となり課題となるのは、家庭という機関やコミュニティの最も進歩した、あるいは発達した側面が、子ども自身が生来もっている「成長への推進力」と連動していることです。この推進力は萎えたり妨げられたりする可能性がありますが、（マーサ・ハリスが述べるように）「生きとし生けるものすべて」（1977；2011, p.9）に宿っている自然現象です。もし、子どもと教育者との関係性のなかに不適切な組み合わせや不和、強制があるならば、それは教育というよりも非行や服従になってしまいがちとなります。実際のところ、非行と服従はコインの裏表と考えられるでしょう。

ビオンが「経験から学ぶこと」をポスト・クライン派のこころのモデルの中心にすえてから、「知（knowledge）」という概念はすべての心的過程の、ゆえにパーソナリティ発達に関する最先端のものとなりました。子どもによって獲得されるのはどのような知の類型であり、知の獲得の様式はどのようなものなのでしょうか。家族と文化との相互作用によって、知の獲得はいかに影響されるのでしょうか。これは従来のクライン派が焦点を当てた羨望と感謝を包摂する問題であり、心的苦痛がどのように扱われるかに関するさまざまな視座とともに、認識論的次元を心的生活に関するその他の次元のすべての中枢にすえるものです。現代では、古典的概念である「防衛」よりも、こころの毒である「嘘」の視点からとらえられています。

いわゆる防衛機制はすべて嘘であり、虚偽として認識されますが、価値観、態度、判断や行動の基盤として、本質的には嘲笑的態度によって採用されたものです……無意識のなかで最も原初的な形態は、情緒的な状況を表わすための偽りの象徴の容認です。嘘のさらに洗練された形態には、歴史（記憶）の歪曲があり、偽りの論理の導入、意味的なあいまいさ、もっともらしい一般化、虚偽の情緒がそこに入り込みます。（本書pp.48-49）

嘘は、内的世界を見る場合だけでなく外的世界をも見る場合にも、人が真実として見ようとする能力に影響を及ぼします。このことは、外的世界は明瞭で客観的なものであり、誰もが同じように見るものだという思い込みゆえに、これまでの精神分析では記述がなされていませんでした。学ぶことのプロセスについての新しい記述では、知覚は意味を与えることと不可分であることが強調されています。さらに、あらゆるタイプの「現実」を観察する能力は自動的なものではなく、子どもの生来の特質と子どもが置かれた環境とのあいだに作られた連結すること（links）に依拠するものであると強調されています。

第1章の鍵となるセクションで著者たちは、このポスト・クライン派の視点からこころの認識論的次元を記述し、五つの本質的な学ぶことの方法を導き出しています。すなわち、経験から学ぶこと、投影同一化から学ぶこと、付着同一化から学ぶこと、残飯あさり（scavenging）から学ぶこと、幻覚（delusion）から学ぶこと――この五つです。「これらは、何か**について学ぶこと**として対比されます」（本書p.32）。言いかえれば、この五つすべては、発達における心的状態もしくは段階、心的地理を反映する個人のモード（様式）と言えます。独創的なアイデアを生み出すことに対する集団的圧力により、これまでほとんど注意を向けられてこなかった「残飯あさりから学ぶこと」を除くと、現在ではこれらは精神分析的思考において周知のものとなりました。この認識論的次元は本研究の目的にとって「最も重要である」ということができますが、精神分析の基礎である個人のパーソナリティ組織体（第6章）と組み合わせることで、ようやく適切な鮮明さが現われます。それらの狭間では、絶え間なく変化する経験的世界に魂が誕生し、その流れに従いながら「気質」の痕跡が実を結びます。したがって、このモデルにおける領域が互いにかかわり合うなかで、子どもの人生において、学ぶこととパーソナリティ組織体がいかに環境の力を統治し、また環境の力によって統治されるのかを示しています。

ダンテ（Dante）は「太陽と星々を動かす愛」が中世の世界の背後の主たる原動力としましたが、精神分析は欲動に価値を置いた心的エネルギー論の潮流に代わり、Ps⇕Dおよび投影－取り入れの力動的な力を原動力としています。このモデルの目的は、「成長ないし退行の動きを体系的に描写（説明ではなく）する手段を提供する」ために、個人と家族とコミュニティという「三領域内、かつ三領域間における、絶え間ない変化を媒介する」ことです（本書p.26）。ビオンのグリッドのように、時に全体の印象は細部と同様に重要です。この印象とは、作用の全体的な組み合わせに依拠しつつ、接触がなされたときに多方面に方向が変わる相互作用の潜在的タイプの多様性のことです。この同心円の車輪は、子どもが直接的な経験をする世界の領野を越えるような、より強く、より幅広い力を活用できるギアのように結合しています。これは、空想および空想がもつ世界のなかの世界（worlds-within-worlds）についての「地理学」の、空間的な三次元的視点をともないながら、内的対象の「引力」についてのメルツァー（Melzer）の特徴的な比喩を裏づけています。「人の情緒的経験は、それが生起していると感じられている空間の性質に従って、いくつかの大きなカテゴリーに振り分けられます」（本書p.50）。そのカテゴリーとはすなわち、外的世界、内的世界、対象のなかの世界、幻覚的世界（delusional world）と名づけられています。

このように、この図は子どもと子どもにとってより広範な環境である家庭および社会との接触点を描き出す、視覚的な方法を提供しています。子どもが世界のなかで出会う出来事や対人関係のいずれも、ポジティブかネガティブかのどちらかの形で、子どもの価値観や理解することに影響するという重要な意義をもちます。これらの接触点はモデルに関する本文で述べられています。これこそが探索されるべき連結であり接触ですが、むしろ外傷的な出来事なのか、それとも親や子の能力が欠けているのかという、ある側面あるいは別の側面への容認か非難のせいにしがちです。この図には、水平方向の軸（過去から未来へ）、中心への往復（力動的および地理的）、そして時計回りと反時計回り（経済的および認識論的）という動きが存在しています。親密なレベルでも社会的なレベルでもいくつかの水準で機能し、全体的なパーソナリティ構造を形成するために、すべては互いに同時に作動します。パーソナリティ構造は、私たちが「気質」と言っている身体－精神の前駆体にもとづいて創られるものです。ビオンと同じくメルツァーは、赤ん坊に神秘的に与えられた生物学的側面と精神的側面の両面を見ています。それは特別に目立つことのない特質であるとともに、ただ「わかられる」ことによってパーソナリティが建設的に使用できるのです。

意味が生成される場所は、個人のこころです。それは周知のように、単一の構造的ユニットではなく、多くの外面や区画をもちます。これがこのモデルの中心にある炉であり、中核です。この同心円が個人に近づけば近づくほど、学ぶことの異なる心性が密接に共鳴し合います。したがって、家族は機関と個人的環境の中間に位置し、その両方の側面をもちます。一方でコミュニティは価値を維持することがより希薄になります。著者の見解では、家族はそれ自体で進化したり、有機的な方法で経験から学んだりすることができます。それは、結合対象の表象としての両親によって表明された暗黙の価値に左右されます。コミュニティや機関は、最良の場合には良い機能調整を提供することができますが、最悪の場合にはメルツァーが名づけた「(親子役割の)反転した」家族を反映した強制の舞台となります(メルツァーが、「博愛的」コミュニティあるいは機関を、「両親の」家族のなかのより親密な関係性の風刺画であるとみなしたことは特筆すべきでしょう。風刺画と言われるのは、この博愛には圧力が加わると崩壊しそうになるある種の強制が含まれており、またこの博愛はスケープゴートにされてしまうことに左右されるからです)。

パーソナリティの発達的な動きと退行的な動きのどちらをも動機づける力は、苦痛です。ゆえにこの研究は、あらゆる発達における難題から生じる心的苦痛の建設的・非建設的な取り扱いを観察することから始まります。こうした事態は、迫害的、混乱的、抑うつ的苦痛によって作動します。「苦痛は集団化した社会のなかでは連続したひとつのまとまりとして見逃されるかもしれず」、いつも「それは誰の苦痛なのか」が問われなければなりません(本書p.27)。苦痛への取り扱いは、個人のこころのなかに生得的な起源があり、発達していくパーソナリティの構造のなかへと収束されていきます。私たちは誕生から続く生来の心的輝きと「環境の世界」がいかに作用し合うか、そして次第にアイデンティティを獲得してゆくかを記した「魂創造の谷」におけるキーツ(Keats)の描写を思い出します。世界は魂にとっての学びの場であり、涙の谷ではありません。そして、いかなる困難な接触の局面も挑戦であり、災いというよりも好機なのです。

このモデルから、統計学的記録の作成は、十分な精神分析的理解があってのみ、その試みが可能となるでしょう。このモデルが描写しようとし、私たちの知覚と気づきを手助けしようとしていることは、実際の学びの経験であり、定量化された結果の提示ではないということが強調されているからです。知に関して、二つの「大きなカテゴリー」があります。それは、「世界を理解することへと向かう知と、世界を支配することへと向かう知」です（本書p.58）。その重要性は個人の内的志向や動機によって決まり、「その人だけが観察できることであり、決して他者が直接的に観察できるものではありません」。このカテゴリー化の類型は、芸術対科学という伝統的なカテゴリー化を超えるものであり、さらにはそれを破棄し、心理学的に［2］重要なのは内容ではなく態度であると強調することによって、伝統的カテゴリーを乗り越えています。動機は無意識的志向ないし現実的志向であり、必ずしも定式化される必要はありません。外的世界を理解したいという動機は、内的世界を理解したいという動機と同じものです。そして両者ともに、外的世界ないし内的世界の対象を支配したいという動機とは対照的です。

個人と同じく集団も、実践されている一連の価値観や倫理観に関連する心理学的リアリティがあります。このモデルでは、子どもや家族やコミュニティのなかで、何が起こっているように見えるかではなく、何が**実際**に起こっているのかを記述できるようになることを目指しています。このモデルは、典型的な核家族（母親、父親、子ども、赤ん坊など）の名目上の役割の下に隠れているものを観察し、家族の人数や年齢や性別の如何を問わず、家族内のメンバーによって実際に遂行される男性的・女性的・依存的役割や機能を記述しています。

家族の現実の（名目上の）役割と（実際の）機能の両方についての心理－社会的な配置を記述するために、名目上の構造を棚上げしておかなければなりません。各メンバーを決まりきった前概念による足かせから自由になった人間として扱うことで、ある家族集団の研究において、実際の組織体がもつ機能を認識し、名目上の役割を維持するという相互作用に気づくことができるようになります。（本書p.41）

母権と父権の章で議論されるように、ひとり親が、子どもが利用できる「結合対象」の表象となるような反対の性の十分な特質をもつことができるのは明らかです。家族全体のために、赤ん坊が時として大人の機能を担うこともありうるのです。その反対のこともまた起こります。それは大人たちが乳幼児的モードに圧倒され、あるいはギャングや「（親子役割が）反転した」モードといったネガティブな家族のあり方に圧倒されることもあります。

すべてこれらは、モデルの後半部分（第6章）で明らかにされています。そこでは、真に精神分析的な記述が個人のパーソナリティ組織体として詳述されています。それは、大人のこころの状態（経験から学ぶことが可能で、世界に対して責任を担えると感じられる）と、乳幼児的なこころの状態（投影同一化から学ぶ）と、ギャングのような状態とのあいだで絶え間なく変化する可能性をもつものとして記述されています。さらに閉所における、より固着した小部屋（lodgement）と関連した「倒錯的状態」が加わります。たとえ男性的、女性的いずれの側に偏っていても、あるいはその二つのバランスが取れているとしても、また支配的ないし一時的であるにせよ、経験から学ぶことができ、世界に対し責任を担えると感じられるのは、大人のこころの状態においてのみです。大人の状態は、「すべての活動が、依存している人々にとって有用なものとして、あるいは転移像（メンター、教師、両親）の期待に応えるという意図をもったひとつの仕事の形態としてとらえられる傾向があります」（本書p.104［3］）。この大人の状態は、「年齢に左右されるものではなく」、また外的な規範にも左右されず、しかし「対象の内的世界のプライベートな共有」を通して他者とつながるのです。

個人の学ぶことのモードは、退行的なところから最も成長的なところまで、家族やコミュニティという、より広い輪（サークル）のなかで並行しています。このスペクトラムの退行の側の末端は、基底的想定グループやギャング－スタイルの家族です。前進の側の先端は、ワーク・グループであり結合－両親家族です。コミュニティに目を向けると、このモデルは行動や社会的地位に関与するのではなく、家族との連結が純粋に（ビオンの用語によれば）共存的（commensal）、共生的（symbiotic）、あるいは寄生的（parasitic）のいずれであるのかという問いに関与します。これらのカテゴリーはすぐには明瞭にはなりませんが、特化した関心と観察によって想像的に推論されなければなりません。こうしたことをモデルにおいて図式的に記述することは、こうした種類の想像的推論を助けます。

親としての仕事上の倫理と世界、およびその子どもたちや人間、そして動物や植物に対する責任は、結合対象の中心的な関心事であり喜びの源です。性的な愛の交わりについての能力が家族を生み出し、友好的に協力する能力がワーク・グループ（ビオン）を可能にします。それは子ども時代の早期に形成されはじめます。（本書p.39）

このモデルの中心にあるのは、コミュニティにおける訓練に関するニーズではなく、家族の教育的機能です（第5章）。家族は、コミュニティ（基底的想定の価値に、および「後方に」行こうとするものに、主にかかわっています）と、心的生活の多様な（六つの）次元にまたがる一人ひとりの子どもの前進的な発達を仲介します。実際の家族は変動・流動し、どのようなときもそのあり方は前進的－退行的な状態のあいだを揺れ動いていることが改めて強調されます。いかなるときも家族の中心的地位を占める雰囲気は、愛を生み、憎しみを広め、希望を促進し、絶望の種を蒔き、抑うつ的苦痛をコンテインし、迫害的な不安を発散させ、混乱をつくり、あるいは考えるというものでしょう。生き生きと描かれているのは、カップル、母権的、父権的、ギャング、（親子役割の）反転した家族という多様な類型の家族のなかでこれらの機能が果たす形態です。真の教育的な機能のモードにある家族は「カップル家族」と表記され、これは結合対象という無意識の庇護のもとに作り出されます。ここで強調されている重要な点は、「理想的な」家族の構成を提示することではなく、より広範なコミュニティと個人としての子どもとをつなぐ役割と機能、そしてその影響を分析することに力点があるということです。理想的な家族の構成についてのあらゆる考え方には、（それぞれの）対比があります。

家族のすべてのメンバーの成長は安全感の維持に不可欠なものです。成長の証拠となるのは、注意深い観察と繰り返しの検討によって得られた、身体的、社会的、知的、情緒的発達の指標となります。自然環境や社会環境について楽観的で博愛的な見方が一般的であっても、この安全感は本来、家族に備わっているものであり、コミュニティとは全くかかわりがないと感じられます。そのため、たとえ家庭や風景、友人や近隣といったコミュニティと緩やかなつながりがあったとしても、家族がそこから離れることもできる可能性があると感じられています。好機の兆しが見えたとき、母親が妊娠しているときの感覚のように、未知へと挑戦する動きが始まります。

（本書pp.87-88）

「カップル」家族は、スケープゴートも黒い羊も必要としません。すなわち、外に投影された内側の悪いものに対し、ひそかにバリケードで塞いだりはしません。この「安全」の感覚は包含性を基盤として、家族を超えてより広い世界へと拡張します。なぜならマーサ・ハリスが述べているように、ただ自分自身の子どもを愛するだけでは十分ではないからです（1977；2011, p.20）。他の著書でハリスが述べていますが、

義理の関係に疑念を抱いた家族の態度の文脈において悪魔とは他人であり、異質な要素に対する防壁はとりわけかたくなです。妄想（パラノイア）および迫害的な幻覚に対しては、脆弱な防衛を形成します。

（Harris, 1967；2011, p.282）

あるいは、「社会と内的戦い」と十代の若者の格闘についての文脈では、

私たちが自分自身の内部の矛盾をよくわかると感じるようになるまでは、自分自身の本質についての矛盾を表現するために、外側の世界に敵を見つけるのは簡単なことかもしれません……市民戦争ほど苦々しい戦いはありません。なぜなら、敵はあまりにも近しく、自分自身の本質を思い起こさせるものをあまりにも多くもっているからです。

（Harris, 2007, pp.209-210）

真の安全感には、「義理の関係」の内にいる黒い羊を認め、それを育てることにもとづいた、

すべての母なる自然の子どもたちに対する責任の感覚が伴います。家族の促進的機能（愛、希望、苦痛をコンテインすること）は、結合カップルによって統括される集団感覚によって推し進められます。しかし、この機能を遂行する人たちは、実際の両親かもしれないし、そうではないかもしれません。また、特定の状況のもとで、一時的に遂行されるものかもしれません。実際のところ、こうした人たちは、セラピストや家族の友人、学校の教師、あるいは子どものなかの大人のこころの状態を支え、かつ経験から学ぶことを促進する転移像のいずれかの人たちでしょう。

このような文脈において、このモデルは、最も広い意味で若い人たちに対する転移的役割かつ教育的役割を担うすべての人々によって使用されることを期待して著述されました。それは、精神分析とは何か、それは誰のためのものなのかについてのメルツァーの見解をまとめたものです。そしてマーサ・ハリスの担当部分では、少数の子どもたちのためにだけ維持するのではなく、世界の多くの「子どもたち」に提供しようとする、彼女の多彩な戦略の一部を記述しています。

学校環境に特化した言及が少ないことを奇異に思われるかもしれませんが、学校はつねに家族とコミュニティの主たる架け橋として暗黙のうちに存在しています。こうした理由により、そしてマーサ・ハリスの教育経験と人間関係のつながりによる貢献を詳細に示すために、この版では家族と学校についてのモデルに関するディスカッション、および、一九六八年になされたタヴィストックのスクールカウンセラー課程におけるローランド・ハリスによる最初の講義を、二つの補遺として収めることにしました。

メグ・ハリス・ウィリアムズ

二〇一二年一二月

◆注

［1］［原注］そのいくつかは、後述の補遺Ⅱのローランド・ハリスによるスクールカウンセリングの講義のなかで詳述されている。

［2］［訳注］原文ではnpsychologicallyとなっているが、冒頭のnは誤植と思われる。

［3］［訳注］p.10とあるが、p.84の誤植と思われる。

目次

コミュニティ・家族のなかの子どもの横断的モデル

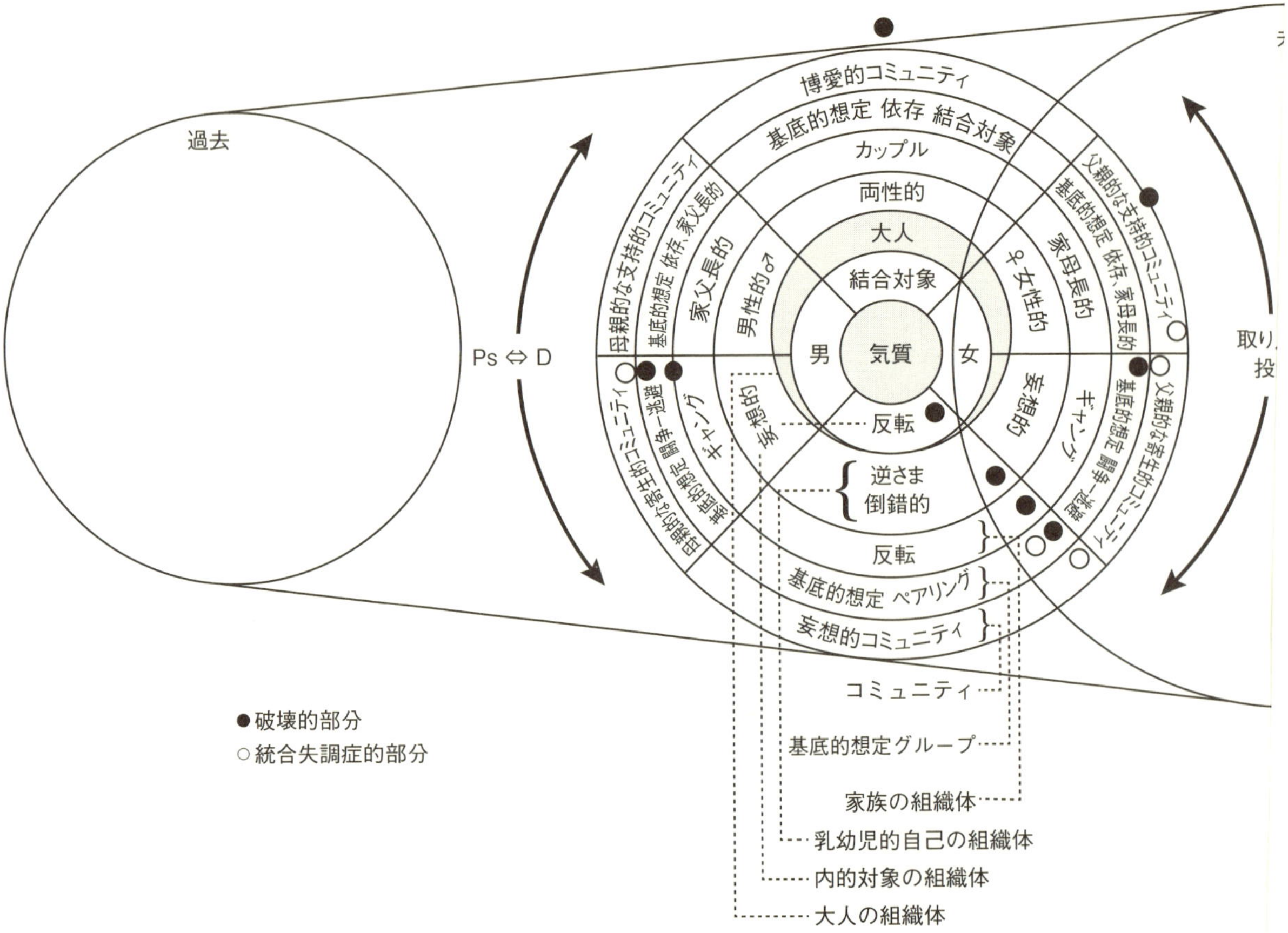

こどものこころの環境

第1章
こころの六つの次元

モデルは単なる理論ではなく、実際に使用するための理論の集合体です。第2章で説明されるモデルの理論的背景として、主にフロイト（Freud）、カール・アブラハム（Karl Abraham）、メラニー・クライン（Melanie Klein）、ウィルフレッド・ビオン（Wilfred Bion）、ロジャー・モネー－カイル（Roger Money-Kyrle）そしてドナルド・メルツァー（Donald Meltzer）の業績から引用されています。このモデルは私たちの文化における家族の啓発的機能について社会－心理学的調査研究を構築し、こうした調査研究の知見を解釈するための準拠枠として使用されることを目的としています。

六次元のメタサイコロジーの概念

こうした目的から、メタサイコロジーについての拡大概念に合わせた多次元的モデルを採用する必要があります。このモデルは必然的に六次元を包摂し、そこから心的生活について考えます。その次元とは、構造的、力動的、経済学的、発生学的、地理的、認識論的次元です。モデルは個人、家族、コミュニティの観点からこの六次元を網羅できるようにしました。また三領域内、かつ三領域間における、絶え間ない変化を媒介する力を定義することによって、成長ないし退行の動きを体系的に描写（説明ではなく）する手段を提供することができるでしょう。

この詳細な解説のために、後ほど用いますが、全体状況の図解はこの六次元の課題が取り組んでいるものを表わしています。その構成要素は別々に説明され、その後に構成要素の相互作用が記述されます。その過程で背景理論の簡潔な説明を試みますが、まず最初に六次元それぞれについて解明します。

心的苦痛の役割

あらゆる精神分析的概念における中心的現象はまさしく心的苦痛であり、一般的には迫害的、混乱的、抑うつ的の三つのカテゴリーに分類されるでしょう。最初のもの（迫害的）は自己を脅かすことにかかわる苦痛であり、二番目のもの（混乱的）は考える能力と機能への脅かし、三番目のもの（抑うつ的）は愛する対象への脅かしを示唆しています。

心的苦痛の探求にはその特質の定義やそれに関連した事項だけでなく、心的苦痛の布置と起源も必要とされます。心的苦痛は外的世界と内的世界のいずれにも布置しているために、臨床状況では「それは誰の苦痛なのか」と問うことが必要です。苦痛は集団化した社会のなかでは連続したひとつのまとまりとして見逃されるかもしれず、この結果生じる変形［1］の特質と程度を明らかにする必要もあります。

こころの六次元

1 構造的次元――自己

心的苦痛は、一般的には（迫害的、混乱的、抑うつ的）不安とされていますが、おそらく誕生のときから対象との関係を通して対処されます。最初は母性的養育をする人を相手に、乳房あるいはその表象、食物、心地よさ、養育ないし欲求不満の存在が、部分対象との水準でまず経験されます。こうした相互作用の結果、心的苦痛はパーソナリティの成長した構造に結びつくようになります。この構造であるすなわち自己は、当初はその機能、身体との関連、あるいはイメージとそれほど結びついていません。養育状況で経験された、意味のある内在化された対象は取り囲まれて、次第に組織化されます。そのため、それは乳房と－乳首（部分対象）として、のちには母親と－父親、結合対象として空想のなかで経験されるようになります。

こうした内的対象は、内的対象の苦痛を惹起する局面において理想化されます。特に欲求不満を生じさせ、失望させ、待たせつづけるという局面が、満足させる局面から完全に区分されたかのようにスプリットオフされたポジションのなかで維持され発達すると、これらの内的対象は理想化されてしまいます。このことは結果的に自己を理想化された部分と、暴力や欲求不満に対する羨望に対応する悪い（ないし破壊的）部分に、ある程度スプリットさせることになります。特に悪い部分は暴力や欲求不満への羨望として反応します。

パーソナリティの機能的局面、すなわち自己には、本能的資質（イド）と発達的能力（自我）の双方を含みます。発達に伴うスプリットは本能的資質を偏って振り分けるので、しばしば生存に関わる価値ある生来的な傾向がパーソナリティの破壊的部分の支配下に留まり、そしてよい対象領域および愛と感謝の感情のなかでの建設的な利用や発達のために活用されることはありません。

このことは知的能力、言語的才能、そして性的活力において顕著に示されます。性的活力が際立っている領域では、愛情関係における性愛が深刻に不毛性化され、倒錯的な性愛の組織化、反社会的態度、嗜癖的傾向および精神病へと進展することもあります。

ここに概説したようなパーソナリティが構築されることに伴って、反抗癖や羨望、パーソナリティの統合失調症的部分の幻覚構造を基盤とした代替的な「世界」が、パラレルに発達するようになってきます。それは構造全体のなかで時に突出し、意識に働きかけたり、また発達のあらゆる段階で間接的な影響を及ぼします。それは当然、対人交流と、ある段階から別の段階（思春期のような多大なストレスと動揺できわめて重圧がかかっている時期）へと変遷しますが、至るところに存在するこのモデルの目的の前提となるでしょう。

2 力動的次元——苦痛を取り扱うための機制

心的苦痛と結びついた発達の諸過程は構造の型式のなかで、心的苦痛を緩和すること、修正することと、あるいは回避することを目的とした多彩な心的機制によって、さらに敷衍されます。修正は、第一義的には外的世界を首尾よく修正し、適応に寄与します。さらに、それはパーソナリティを安定させ、欲求不満に耐えるという新たな特質を内的対象に内在化するような行為と理解を導く思考により達成されます。

不安の修正は、防衛機制とされる多彩な万能的空想により達成されます。これらの防衛の多くは内的世界もしくは外的世界のなかに布置されることにより、心的苦痛を回避するために、かなり暴力的な方法で使われることもあります。これら三つの過程は互いに作用しながら、パーソナリティが機能する力動的次元を構成します。

万能的空想は定義が難しく、次のような用語として便宜的に記述され、カテゴリー化されます。すなわち取り入れ、投影同一化、強迫的機制、躁的機制、混乱的機制、行動化です。それらのいずれも、抑圧や洞察の喪失を引き起こす原因となります。

3 経済的次元

心的苦痛を取り扱うこれらの手段を操作した結果、こころの経済状態の次元が構成されます。そして、三つの方策のうちのひとつに別のものが続いて生じることが考えられます。この三つの対策のうち最も原初的なものは、従来のパターンの繰り返しである強迫性で、その顛末として経験によって修正されません。第二のものはより進化したもので、心的苦痛を最小化する快原則であり、外的世界における結果によって経験は修正されます。第三の原則は行動やその結果とほとんど関係せず、関係性の意味にかかわるものです。これは妄想・分裂ポジションから抑うつポジションに至る過程とされるものです（ビオンにより若干修正され、Ps⇔Dと記号化されました）。

これは意義深いシステムであり、自己の安全と快適さとそれに対応する愛する対象（特に抑うつポジションにおける内的対象）の幸福をそれぞれ強調しています。

4 発生学的次元

フロイトによるパーソナリティの第四の次元は、発生学的次元であり、パーソナリティを人生の経験の集積の結果としてとらえています。こうした人生の経験には、力動的傾向によって改変された構造的な修正と、そしてそこにはその痕跡が残存しています。それは、経済的原則あるいは記憶のなかへ移行します。しかし、このモデルが意図する機能をうまく発揮するためには、フロイトのメタサイコロジーの二つの補遺論文を参照する必要があります。

5 地理的次元

第五の次元は、空想の地理とその結果である世界観について考慮せねばなりません。個人の生活空間は身体境界では制限されない、少なくとも四つの異なる空間で生じていることを経験しています。すなわち自己および内的対象の乳幼児的部分を包容する内的世界、自己が住み外的対象と出会う外的世界、内的対象の内的空間（または世界）、最後に外的対象です。このリストに加えて、幻覚構造の「どこでもない世界」の空想の存在にも注目する必要があります。

6 認識論的次元

第六のモデル、啓発的機能に関する調査研究におけるこのモデルの目的にとって最も重要なものは認識論的次元です。それはウィルフレッド・ビオンによる後年の業績、およびメラニー・

クラインにより暗黙裡に修正されたフロイトのモデルに積み重ねられてきた、こころについての拡充されたメタサイコロジーの次元です。それは学ぶことについての多彩なカテゴリーを識別すること、各カテゴリーのもとにある心的状態を定義すること、パーソナリティの発達のそれぞれの結果をたどることを可能にします。それらは後述する研究にとってきわめて重要なものであるため、ある程度詳細に説明します。それらは、経験から、投影同一化から、付着同一化から、断片から、幻覚から学ぶことと命名されるでしょう。これらは、何かについて学ぶこととして対比されます。

経験から学ぶことは、ビオン（1962）により説明されているように、パーソナリティの修正が生じるような情緒的経験という領域にかかわります。人は、かつてはそうではなかった何かに「なる」、いわば小さな子どもであれば「歩く人」になり、大人であれば「医者」になったりします。この分類の内的性質は、社会的構造が授けたさまざまな外的性質とは対比的なものになるかもしれません。

対照的に**投影同一化から学ぶこと**は、他者の心的性質と能力へと入り込み、そして乗っ取っていくという万能的空想を含みます。他者との区別の概念があいまいで、かつ投影は本人の性質を伴って他者に忍び込むので、その結果はどこか戯画的です。内的対象に投影同一化しているところでは、全知全能の性質と批判的態度に支配されます。

一方、**付着同一化から学ぶこと**は、対象の表面に貼りつくという深い無意識的空想にかかわっています。その結果、付着同一化は社会的な外見だけに関心を示し、外見と行動のどこにもこころがない（mindless）模倣という特徴があります。それは外的刺激のもとではたやすく崩壊し、即時的な関心や愛着によって新たな対象へと安易に移っていく気まぐれな傾向、不安定さにより特徴づけられています。

断片から学ぶことは、援助を求めたり感謝をもって援助を受け入れることができないパーソナリティの羨望的な部分を特徴としています。すべてのスキルや知識は、自然と人間を支配するために本質的には秘密主義で魔術的なものとみなされがちです。それは世の中に入っていくのに「人を喜ばせる」こと、あるいは「人に感謝する」ことなど全く必要ないかのように、ものごとを見たり聞いたりします。その結果、慣習に屈している他者の愚かさに対する優越感へと向かいます。

幻覚から学ぶことは全く異なる秩序をもち、自然あるいは人により明かされたものは本質的に価値がなく、隠されているもののみ、すなわちオカルトのみに価値があると信じています。それは外観を無視しながら微妙な差異に根拠を見出し、本質的に反自然の世界を構築します。

学ぶことの形態の五つはいずれもその発端において本質的には自発的なもので、知識と理解への渇望、あるいはその真逆となる侵入的な好奇心を表現しています。

これとは対照的に、**世界について学ぶこと**は、教師の動機にその起源があります。その方法は本質的にはアメと鞭という動物訓練であり、その方法の成功は本人がもつ対象を引き込むような貪欲さ、臆病さ、従順さ、ないし競争心に左右されます。動物訓練の方法による達成は人に深い修正をもたらすことはなく、環境の要請に適応するために社会的なペルソナを装うものであり、究極的な到達点や倫理的な原則にはほとんど結びついていません。

これら学ぶことの六つの形態のうち、最初に挙げた経験から学ぶことのみが、妄想・分裂ポジションから抑うつポジションへの動きを保ちつつ価値観の移行を必要としています。それは新しい考えの衝撃がもたらす（混乱的ないし迫害的）不安の重荷を分かち合うことができる慈悲深い（内的あるいは外的）対象の援助と示唆に、強く左右されます。こうした学ぶことにおいて、本来ある自己と世界の見方の変化に由来する抑うつ的感情の訪れには、感謝の気持ちとメンターへの尊い恩義が伴います。

◆注

［1］〔原注〕夢理論についてのメタサイコロジー的補遺（1917）に収められている「喪とメランコリー」と「転移神経症的展望」の二つの論文を指す。

第2章

コミュニティ・家族のなかの個人というモデル

「生活空間」（レヴィン（K. Lewin））［1］についての図解を提示したのは、コミュニティ・家族のなかの個人という生活状況の視覚的イメージを示すためです（目次後の図を参照）。縦軸は生活-時間つまり発生学的次元を、横断面は吟味するそのときの状況（構造）を絶えず変遷し、十分な説明をするには難しいあいまいな現在を表わしています。二つの異なる運動形態、遠心性のものと求心性のものの、絶え間ない変化が表現されています。力動的および地理的な次元は、中心への往復運動によって示されます。一方、時計回りあるいは反時計回りの運動が説明しているのは、経済的および認識論的な次元です。同心円状の六つの環は、その人に関連する個人や社会組織のなかにある、多水準に及ぶパーソナリティ機能の全体構造を示しています。これからモデルの各構成要素を全般的に論じ、次いでそれぞれのさらに細かい構造を詳しく検討していくつもりです。

構造的次元

気質（temperament）

個人がもつ生得的な素因（disposition）を精神分析的な研究手法によって定義することは難しいのですが、素因には二つのカテゴリーが含まれると考えられます。ひとつは、概念（conceptions）やコンセプト（concepts）に成長する経験を待ち受ける一連の生得的な前概念であり（ビオン、モネー－カイル）、もうひとつは、均衡を維持しようとする生得的な一連の性向です。後者は一般生理学に強く結びついており、ゆえに心理的状態の移行に応じて人生のなかで変化することになります。

こうした素因はたとえば、能動性－受動性、男性的－女性的、獰猛さ－穏やかさ、内省的－外向的、遅い－速いのような、さまざまな二元性によって記述できるでしょう。これらの素因の幾分かは誕生時に、あるいは誕生直後に発現され、また胎児期の活動にさえある程度は見られるものと考えられます。しかし「人生の経験はいつ始まるのか」という答えられない、おそらく解明することのできない疑問のために、これらの素因の評価は不確実なものとなります。この評価困難な観点を重視するならば、注意深い観察者は、乳幼児期の生育歴の出来事に大きな意義を割り当てざるをえないでしょう。このときに危険なのは、正当化のための屑籠として環境因が用いられるということであり、こうして私たちの無知の範囲はあいまいにされます。フロイトの概念であるイドとは、それが「本能」を意味する限りにおいては合致しますが、「身体状態の心的表象」という意味で用いるときには合致しません。「自己」の概念は、とりわけ詩的に用いるのでなければ機能的に理解されるものであり、こころにある構造の理論的単位とみなされます。そして、身体状態は機能と表象の双方にあるという観点において、自我とイドの両方を折衷したものとみなされます。身体状態の表象は、自己の一般的な認知的な機能のもとに組み入れられます。

ゆえに気質は生得的な資質とみなされるものであり、人間社会のコミュニティとの関連で成り立ち、自然資源としての自己との関係で成立しています。あるいは、より正確な類推のもとで述べるならば、総体的な身体的環境は資質と生活歴によってもたらされ、新世代との関連で展開されるといえるでしょう。それによって、生理学的－解剖学的な資質と心的に継承されたものがひとまとまりになります。

内的対象の組織体

このレベルの構造は、時間の経過とともに安定化するものであり、心的状態の基盤にあるとみなされます。内的対象はさまざまに揺れ動きますが、大人の夢や子どもの遊びは、緻密で正確であり、その探索に役立ちます。

変動のパラメーターになるのは、統合の度合い（部分対象か全体対象か）、関係の程度（分離した対象か結合した対象か）、美、善、真実、依存、欲求不満への耐性、意識の清明さ、知性、情緒的な豊かさです。これは、こころ（意識）のなかに喚起する道徳的な庇護に関連して、過酷から緩和に至るスペクトラムにあります。これらのものはパーソナリティの乳幼児部分からの無慈悲な攻撃によって損傷を被るかもしれませんが、互いを修復することができ、ほどよい情緒的な態度（抑うつ不安）により生命を再建させるでしょう。性愛、生殖、母親の内的・外的赤ん坊を養育することは、絶対的な前概念です。

これらは自己の各部分によって多彩に同一化されるかもしれません——そのひとつの形態が取り入れ同一化であり、パーソナリティの大人の部分のもとになるものです。しかし、それらはまたパーソナリティの破壊的部分によって侵入され、乗っ取られ、駄目にさせられるかもしれません。こうして形成された最も悪性の形態は、サディスティックな超自我（フロイト）や「超」自我（ビオン）です［2］。

ここでの見地は、新たな観念が内的結合対象によって同化されるところに「経験から学ぶこと」（ビオン）は起こり、内的結合対象は自己がそれを克服することを手助けし、その出現に伴い情緒的な隆起が起きる［3］（メルツァー）というものです。

大人の組織体

乳児的な構造は生理学的状態と直接触れ合っており、そこでニーズは生じていますが、パーソナリティの大人の構造はただ間接的にかかわっているにすぎません。それは両親が乳幼児や子どもの生理的な状態を案じるのと、ほとんど同じようなものです。

大人の構造に直接かかわるのは、教師やメンターに対するときに向上心のもとに同一化される内的対象です。この関係は大人（の部分）の転移、すなわち精神的な信念のなかに、あるいは現在または生育史において外的世界で鼓舞してくる人物に相対するという形式で外在化されるかもしれません。

こころの男性的性質と女性的性質がどの程度統合されているのかは、内的対象群の統合状態に直接左右されます。つまり結合対象との同一化は、こころが創造的に機能するための前提条件となります。親としての仕事上の倫理と世界、およびその子どもたちや人間、そして動物や植物に対する責任は、結合対象の中心的な関心事であり喜びの源です。性的な愛の交わりについての能力が家族を生み出し、友好的に協力する能力がワーク・グループ（ビオン）を可能にします。それは子ども時代の早期から形成されはじめます。

乳幼児的な組織体

単純化すれば乳幼児的な組織体は、少年ー少女、赤ん坊、破壊性、さらにパーソナリティの統合失調症的部分から構成されるものとして考えられます。しかし、これらの基本的な諸部分は防衛的なスプリッティング過程の支配下にあり、断片化され識別が困難です。さらには、知能や欲求不満に対する強さというような性質や、気質のもとに挙げられる他の性質について、それぞれの部分間の能力の分布は不均衡かもしれません。

しかし、乳幼児的レベルでの組織体の支配力を決定するのは、欲求不満への耐性（それが意味するのは結果的には心的苦痛への耐性）と知能（とりわけ想像力とスピードであり、それは言語的な流暢性と特に関連）の分布です。

破壊的な部分は、常時よい対象群と主導権争いをしており、あらゆる分離状況に乗じて自然に覇権を確立し、残りの乳幼児的部分を支配しようと宣伝工作、誘惑、脅迫など、ありとあらゆる手段を使います。それは嘘つきで、暴漢で、皮肉屋で、壊乱者です。嫉妬を利用し、心的苦痛に耐えられず、他の部分の威圧には容赦なく、全知（知ったかぶり）と全能（履行する方略なしに願望の力で目標を達成する能力）を主張するのです。

ものごとの意味を吟味することにはひどく反対し、外的対象はただ存在しているだけで（心的現実の否認）、ものごとは見かけだけだとしばしば断言します。それゆえ人間は、目に見える行為の総和として理解されるだけになります。そのためそれは信用に値しない不適切な対象（内的両親との関係の外在化である）との転移関係を促進し、それに関連した記録はひとつに集められ、過去の直接的な補外法によって将来は予示できると主張します。この傾向は乳幼児的な一群から非行ギャングを形成しますが、それが十分に達成されてしまうと誇大的になり、基底的想定グループ（ビオン）を構築します。

家族の組織体

狭義か広義かにかかわらず、ある家族集団の各メンバーを、先に記述したパーソナリティの中核とみなすことができるでしょう。多数の異なる家族という組織体の原則が、メンバーの成長と啓発のための、とても多彩な環境を作り出すように作用しているのは明らかです。このモデルの見地からは、家族の現実の（名目上の）役割と（実際の）機能の両方についての心理－社会的な配置を記述するために、名目上の構造を棚上げしておかなければなりません。各メンバーを決まりきった前概念による足かせから自由になった人間として扱うことで、ある家族集団の研究において、実際の組織体がもつ機能を認識し、名目上の役割を維持するという相互作用に気づくことができるようになります。

ここまで、家族の組織体についてわずかに四つの水準の識別をしたにすぎません。それは親的家族、母権的－父権的家族、ギャング家族、反転家族またはネガティブ家族です［4］。後述されるような条件のもとで、家族は洗練されたものを失い、内的にもコミュニティが相対して、より原初的ないし部族的になり、三つの基底的想定グループ（依存、闘争－逃避、ペアリング）（ビオン）のうちのひとつの特徴を示します。

基底的想定の組織体

ここではビオンに倣い、つねに活発であったり明瞭ではないにせよ、家族を組織体のより原初的な形態の存在を見ることができるという見地を取ります。そこでは無意識的な原始の神話が共有され、投影同一化（行為や、語彙を形成しない水準の言語）によるコミュニケーションが行われるという特徴があります。このときの盲信と思慮のない行為は、（適切なコミュニケーションや協議が生じる前には行動しないという慎重さのある）より洗練された組織体の形態がもつ、思考と判断の洗練化された組織体とは著しく対照的です。

コミュニティの組織体

このモデルは、コミュニティの四つの異なる指向性と他者に向かう家族のなかの個人の考察に留まります。つまり、それぞれが選択と相互作用の副産物だということです。選択はすべてを決定するととらえられるでしょうし、最も極端な場合には暴政があります。しかし、これは方向に作用するということが、主要な流れであると思われます。おおまかに言って、家族から生起してコミュニティに向かう誘発要因を見がちですが、偏見の強いところでは反転させられるときもあります。

再びビオンによる用語法（『注意と解釈』（1970））に従い、これらの指向性を共存的、共生的、寄生的、妄想的と呼ぶことにします。それぞれのケースで考えるときには、選択、喚起、挑発であり、家族とコミュニティとの関係は相互的だと見られるでしょう。

破壊的部分と統合失調症的部分

このモデルでは、自己と家族とコミュニティという別々のタイプの組織体について、パーソナリティの破壊的部分と統合失調症的部分の位置を示すものとして黒丸と白丸が使用されていることに意義があります。これらの位置を明確化するには、さらに細部にわたる検討をしなければならないでしょう。

発生学的次元

発生学的次元という概念は、現在の構造と組織体とをそれらの歴史から理解しようと探究する、心理学者と社会科学者がもっている素養の一部ですが、それとは別に研究テーマとなる時間に対する態度も考慮に入れる必要があります。自然科学者は時間は直線的だとする洗練された見方を、あるいは時間は相対的なものだという超‐洗練された見方さえ取るかもしれません。

しかし、時間に対するはるかに原初的な態度が、個人、家族、コミュニティでの生活についての見地を支配しうるのです。無時間性、振動時間、円環的時間は操作的概念であり、汎用的な意義をもつでしょう。時間と変化に強い相関性があると考えれば、双方の態度は影響し合い、価値だけでなく行為にも強い影響を与えます。

無時間性は官能性を促進する傾向があります。また快感原則が支配的な価値ある地位となり、そこでは結果の前提となる事実を無視することの繰り返しが強制され、マインドレスな黙従が好まれます。

振動時間はアパシー的態度を支持するものであり、圧倒的で殺戮的な（あるいは擬人化された）力と、完璧なレジリエンスをもつ構造によって、世界はコントロールされているとみなします。夜に続いて朝が来るように、すべての行為には等価な逆の反応があります。したがって、何かが変更される可能性はなく、また変更される必要もないのです。乳幼児性と老人性はまったく同じものです。というのは、個人は亡くなっても次の世代で蘇生し復活し、死者と同じ名前を与えられるからです。

円環的時間という概念は、嘲笑的態度を生み出します。「変わろうとするほどに、同じになる」[5]。人生は無限の足踏み水車《トレッドミル》や回転木馬であり、キャバレーのショーなのです。「塵こそ我らで、塵を払うのも我らなのだ」という言葉は、魂について書かれたものではありません。形態は変われども、人間を構成する本質は同じままなのです。善悪の問題ではなく（考えることでそうなるのですが）、ゆえに人々は傍観者となり、結末のない奮闘や浅はかな情熱に享楽するでしょう。

直線的時間において、時間を無限にまっすぐ続く冒険的経験だと見る人は、努力によって獲得してきたものをつねに置き去りにします。事実に関係する想像力を引き出すことによって、世界の意味は創られねばならないと知ります。そのため、人は内的世界あるいは外的世界のいずれにも旅をし、観察しなければなりません。あまりに簡素な生命空間を、美しい遺産の継承を享楽しなければなりません。

力動的次元

パーソナリティの力動的な働きにおいて最も重要な目的は、情緒体験の理解に必要とされる程度にまでの心的苦痛の修正です。個人により作動できるレベルは大きく変動し、さらには刻一刻と変わる心身の状態にも影響されます。

無意識的空想が思考と感情の発端と見る立場において、心的苦痛の調整は、経験が意味するものの空想上の操作によって進展し、象徴的表象の布置にまつわる夢思考を創造します。ある特定の夢思考が、頂点（ビオン）ないし世界観の一部分として構築されていくとき、重要な意義をもつのは神話です。そこでは社会的絆の基盤となる他者やグループやコミュニティが抱く、神話との共通点が見つかるかもしれません。

この緊密な結びつきは、保守組織を外的世界のなかに創ります。それは破局不安（ビオン）に抗する防波堤としての内的対象群との関係に対抗するものです。この保護組織には二つの異なる意義があります。社会的な絆はその本質において保守的であり、そこではグループの目的すらとても急進的なものに見えます。これは、明確な形になろうがなるまいが、共同で保持されている神話（それは歴史、哲学、経済学、政治理論、神学、美学として表現されます）のなかに備わっている世界観の再－秩序化を求めるような新しい観念に対する、基本的な抵抗によるものです。

保安組織は、乳幼児水準の依存と、大人の水準での愛する内的対象との同一化にもとづくものですが、外的世界のすべてを危険とみなします。というのは、その内部にあるこころの安らぐ場は、自己の破壊的活動のみによって襲撃されうるからです。新しい観念の出現による破局不安の始まりは、乳幼児水準での親的人物との依存関係にただちに結びつけられ、多くの場合、信心深い人は信念が攻撃されない限りにおいて破局に対抗します（キルケゴール（Kierkegaard）の『畏れと慄き』におけるアブラハムとイサクの神話研究を参照のこと）。

同じように、不安を調整する力動的手段は極端なものとなったり、苦痛の修正または回避になるかもしれません。それはまず内的に働きますが、外在化されて外的世界での行為として表現されるでしょう。これこそが、あらゆる親密な関係性の領域に姿を現わす、転移過程の本質的な意味です。

ストレス下において混乱から逃れられるところに大人の関係性はなく、偶然あるいは必然の、あるいは集団の関係は、内的関係の外在化のために現実を必然的に、歪ませます。空想生活におけるドラマのなかの役割を演じるように他者を操作するスキルは、その役目を演じる人を取り込みたいとする切望によってさらに高まります。カリスマ的な性質は、演出家と同じようにいつも大胆に燃えさかるわけではなく、パペットの操り師のごとく舞台の後ろに静かに隠れているかもしれません。そのため、精神分析における逆転移という専門的概念もまた、情緒的状況の性質に入り込んで洞察を失うときや、いつもは思い出せない作家や監督のドラマに夢中になるときに、面接外においてもうまく適用されるでしょう。

苦痛を調節する基本的な手段は、空想、思考、言語的思考、コミュニケーションです。そこでは、フロイトが用いた意味での思考が試みの行為となり、言語的思考は他者とのコミュニケーションに備えたその内的な叙述となります。もしこの能力を、フロイトが「心的性質を認知する器官」として示唆したようにプラトン的に見るならば、言語的思考はおそらく意識と密接に結びつきます。コミュニケーションを用いるときのかなりの部分は大人の機能によるものであり、その活用は主に語彙的水準ですが、情緒性は語彙的な色合いを意図的に帯びた音楽的水準でなされます。

しかし、言語は行為という形式を取って、より乳幼児的なレベルでも用いられるでしょう。そこでは、語彙的水準が常套句の形態となります。その一方で、音楽的水準はこころの状態を聴衆に投影し、話し手の望まない側面のための容器として、こころの状態を操作または使用します（パーソナリティの切り離された部分の投影同一化）。ある人が心的苦痛を調整する内的資質をもっていなければ、この機能を遂行するために転移関係として外部の人を必死に探さねばなりません。夢思考の状況での表象において最も原初的なもの、これをビオンはアルファ機能と呼び、抑うつ的な乳児のことを母親がもの想いすることになぞらえました。

調整が望ましく行なわれている場合、そのねらいは、情緒的な経験や生得的でもあるあらゆる新たな観念の意味の真実性および事実性を発見することです。これはまさにこころの栄養であり、成長と発達に不可欠なものです。

しかし、苦痛の修正または回避が追求されるかもしれません。それはこころの毒となる嘘を生み出し、自己やこの世界の概念の再秩序化が求められる重要なことは、何ひとつ起こらなかったことを実証しようとします。このとき最も危険な形態は、あたかもこれが中核だという自分だけの世界、すなわち幻覚構造を構築することです。

いわゆる防衛機制はすべて嘘であり、虚偽として認識されますが、価値観、態度、判断や行動の基盤として、本質的には嘲笑的態度によって採用されたものです。つまり、そうと知りながらも虚偽だと証明できないがゆえに、的外れな論拠のもとで真実として用いられます。

無意識のなかで最も原初的な形態は、情緒的な状況を表わすための偽りの象徴の容認です。嘘のさらに洗練された形態には、歴史（記憶）の歪曲があり、偽りの論理の導入、意味的なあいまいさ、もっともらしい一般化、虚偽の情緒がそこに入り込みます。

こうした手法が無意識的空想や夢生活のなかで働くとき、万能的な空想が生まれます。そのカテゴリーは既述した通り、スプリッティング、投影同一化と付着同一化、対象の万能的コントロールのための強迫機制、心的現実を否認する躁的機制です。そのひとつの帰結であり、フロイトが最初に注目したのが、記憶の抑圧または歪曲です（それは不完全（記憶喪失）または変造（記憶錯誤）といういずれかの形態を取ります）。

思考が真実を発見し損ねるところでは、種々の混乱が支配していると言われるかもしれません。議論のために、的確な区別とは言い難いのですが、いくつかの見出しでこれらの混乱をグループ化してもさしつかえないでしょう。それは、良い－悪い、男－女、内的－外的、内部－外部、感情と衝動の領域的な関連の混乱、大人－乳児、現実－非現実（幻覚的）、睡眠－覚醒、一時的な混乱とアイデンティティの混乱です。

しかし、これらの混乱は心的苦痛に対する防衛、すなわち修正または回避という嘘によっても生じます。他の三次元についてのここでの議論は、これらの混乱に大いに関連するものです。しかし、新たな情緒体験の侵襲ゆえに存在する混乱と、防衛的な価値のために生じて頑強に維持されてきた混乱との大枠の区別が重要であると強調しておきます。

この力動的次元からは、人々は大きく二つの方法でさまざまな社会的集団や組織体のなかに向かっていくことが見えてきます。それは、自分たちの心的苦痛を調整するために真実を探し求めて交友するという欲動による方法と、苦痛の修正または回避を求めて同盟者や犠牲者を探し回ることによる方法です。

ある意味では、より小さな結合のなかの前者での成功こそが、環境への適応あるいは環境の改変というもっと大きな課題に適したより大きな社会的布置の企てへと人を動かします。その一方で、ギャング化や基底的想定グループ化へと人々が駆り立てられると、その小さな結合も失敗に終わります。

この二つの傾向のあいだのバランスは、後に十分に論じるつもりですが、経済的次元のもとにある、情緒的な価値の領域にあります。しかし、もし混乱の種類についての以前の議論を、空想の地理学の概念の精緻化にまで導くことができるならば、それはより明確な説明となるでしょう。

地理的次元

人の情緒的経験は、それが生起していると感じられている空間の性質に従って、いくつかの大きなカテゴリーに振り分けられます。全部で四つ、あるいは五つかもしれないと先に述べた空間は、そのなかでの生活が別の世界に属していると考えられるくらい、著しく異なる性質と法則があることがわかります。

外的世界は本質的に自然界であり、物理学、化学、生物学の法則、そして偶然に支配されています。それは意味というものがない世界ですが、感覚によって察知されうる形態、運動や性質に満ちています。この上に人の仕事とパーソナリティが重ねられ、無機物、植物、動物の環境というあらゆるものに影響を及ぼし、意味を刷り込みます。

この意味は、主に形式的に、そしてつねにある程度の多義性を、少なくともあいまいさをもって顕れます。ハンマーはくぎではなく人の頭を打つでしょうし、テーブルはひっくり返すと「見えなく」なり、砂漠は「いかにも」美しく見えるかもしれません。

この世界がもつ形態と感覚的な性質から、人は内的世界を再び展開させていく際に、内的世界における表象に意味を与える手段を借用します。それゆえそこに意味があり、そのものが重要であるかのように外にある世界を歪んで取り扱う傾向にあり、その人がこころに抱く倫理的な原理に一致しないと失望します。

内的世界には乳幼児的なパーソナリティ構造と内在化された対象が存在しており、それらは心的ではあるものの皮膚の境界内では身体的に表象される空間を占めています。この境界が、裂傷や開口部や透明性によって脆く透過的で未完成であると感じられると、内部と外部の差異はすべてなくなり、安定した内的家族を構築することができません。そして、アイデンティティはより原初的な手段で、つまり投影による万能的空想や外部にいる人への付着（自閉症、「かのような」パーソナリティ、多くのボーダーライン状態、おそらく精神病理のいくつかの形態にあるようなもの）によって形成されるしかありません。

この結びつきが適切なとき、内的世界は無意識的空想や夢のドラマの舞台となり、思考により操作ができる素材に意味を付与します。これらのドラマの過程にあるのは、新たな情緒体験が個人史のなかに欲望充足的に形づくられるということです。夢や空想にある衝撃に耐えることができ、その意味を徹底的に探索できるならば、自分自身のイメージと世界のイメージの重要性を十分に見分けることができるでしょう。そして、明日は昨日の自分とは異なる人になります――異なるといってもよくなるというわけではありません。ともすると、同じ状態に留まるかもしれませんし、以前の組織体の状態に戻る（退行する）かもしれません。

このように、内的世界は想像が構築する世界ですが、それは真実のうえに築かれる場合には現実の世界であり、実体はなくとも外的世界の見方が支配する現実なのです。この状態が人のこころの状態を決定する、ないしはこころの状態そのものなのです。しかし、そこにはその人の内的対象の内部あるいは外的対象の内部に、全体的ないし部分的な、または不規則な間隔で存在する二つの別の空間があります。

対象の内部の世界は、自分がそうであるように他者は内的世界をもっているに違いないという想定にもとづいています。無意識的空想のなかでは、それは内密、乱暴、従順という万能的空想に貫かれて傷つきやすいと思われています。他人の心的生活や特質と接触することはできますが、それはともすると罠でもあります。閉所恐怖、広場恐怖不安が、その入口と出口を包囲しています。一方で、他者のパーソナリティとの融合の錯覚は、他者が所有していると感じるこころの特質や、こころの特質についての考えを自分のものとして生じさせます。

一般的に、他者の内部にある世界の魅力は、それを羨むべき地位や能力の避難所や場所とみなすことに由来します。投影同一化の空想によって誘発されたこころの状態は、退却か誇大化のいずれかへと向かいます。明瞭な洞察の錯覚がそうしたもののひとつであり、全知の錯覚もまたそうです。この全知は特殊な性質をもっており、「私の知らないことは学問ではない」と言ったと評されるオックスフォード大学の学監のような、想像力の貧困のひとつのタイプです。

こうした侵入の最もありふれた対象は内的母親であるために、また母親の身体は大きく三つの領域に区分される傾向があるために、神秘学的意義に近い情緒性をもった三領域は、それぞれ別個に出現するとみなされます。三領域とは、乳房の内部にある至福の天国、性器のなかにある性愛の庭園と生殖、直腸のなかにある最も魅力的な倒錯的な地獄とサドマゾです。

異なる世界の住人がコミュニケートできないことは臨床経験から明らかに思われ、しばしばピンター流のごとく、コミュニケーションの不在に気づかないまま進みます。分析のひとつの課題は、患者が住む世界への道を見つけ出すことですが、これはまさに親や教師にも当てはまります。対象の内部に捕らえられている人物やパーソナリティの部分は、たいてい助けられ誘い出されます。というのは、閉所恐怖不安による圧迫は、ある人が逃げ出したみじめさや羨望よりも一般的にずっと重篤だからです。それは、閉所のなかにいるその人を救い出すことに、少なくとも十分な関心が与えられています。

統合失調症に固有な部分と幻覚体系に囚われたパーソナリティの部分が、同一であるというのはおそらく事実ではありません。精神分析的研究の現況から、この部分が回復可能かどうかを予想することは難しいのです。それは一般に、幻覚に陥る瀬戸際にあって揺らいでいる乳幼児的構造から発する、分析作業における転移のようなものだからです。

幻覚体系を支える部分や複数の部分が（フロイトのシュレーバー症例での偉大な解説がこの原型です）、こうした改変された前提に作用します。それは言語をひどく風変わりなやり方で用い、ひどく調子はずれで身体感覚に結びついた情緒を体験し、そうした難解な法則による証拠に従って知覚を用い、論理を形成します。それはとても強固なために、パーソナリティの正気な部分や他の正気な人たちとのコミュニケーションを不可能にします。これらすべてを考慮すると、統合失調症的部分は、よい内的対象が重力の影響を超えて遥か遠くに行ってしまったようであり、それは生命のない宇宙を漂流する心理的な宇宙飛行士のようです。

経済的次元

三つの経済的原理は、精神分析のなかで、心的組織体のなかで往来する運動——すなわち反復強迫、快－現実原則、妄想・分裂ポジションと抑うつポジション——を記述する（もう一度言いますが、説明するのではありません）のに用いられます。これは、量的な論理が貫かれるマインドレスの状態から、心的苦痛の経済学についての質的な熟慮への運動を示すことを意図しています。

反復強迫

原初的な反復強迫は、訓練による学びの基盤に見られ、そこでは恭順が、あるいはおそらくもっと精密な条件づけが、報酬と罰による強化の反復によって誘導されます。

快－現実原則

快－現実原則は、適応の関心に理解することの力を加えます。アメとムチという荒っぽいやり方に従わせなくとも、まさに約束された満足と肯定の雰囲気のなかで適切に育ちます。「身につける」水準において得する情報とスキルを基礎とするのが理想的であり、それは自己像や世界のイメージを変えないために、大きな情緒的な喚起は伴いません。さらに、それでは成長の促進にも失敗します。険悪な雰囲気のなかで、あるいは羨望の作用があまりに強いところでは、すでに言及した学びのさらに自発的な形態――すなわち、投影同一化や、断片や、模倣（付着同一化）や、幻想により学ぶこと――へと、たやすく道を譲ってしまいます。

快－現実原則のもとでは、判断は定量化を基礎として働きます。それゆえに、関心は外的世界における考慮に引き寄せられる傾向にあり、その外的世界はこの表象の形態に最も進んで寄与します。お金、時間（それゆえに年齢）、頻度（たとえば性交の）は、その最も主要な媒介変数（パラメーター）です。その支配の及ぶ範囲は、偶然や契約や基底的想定グループ化の利に適うように、親密な関係性の領域より外側に広がっています。この理由は、快－苦痛の局面を越えて使用することができない情動性に対する態度にあります。

妄想・分裂ポジションと抑うつポジション

妄想・分裂ポジションと抑うつポジションとのあいだの運動（Ps⇳D）は、生後三カ月頃の生活で見られはじめ（クライン）、そして親密な関係性における愛と憎しみの苦闘の経済的な焦点は残されたままとなります。情緒性が事態の核心であるため、また情緒性は関係性のなかで結びついた意味をもつ運搬者として認識されます。質的なもの、つまり価値判断は量的な判断を凌ぎます。質的・量的の二つの価値体系は記述的には明らかに互いに敵対していますが、暗黙のうちには、私欲による愛の対象への福利は現実的には事実上、重複しています。ある人の迫害的な苦痛（迫害、恐怖、戦慄、妄想的恐れ、混乱など）は、迫害的な抑うつ（主に罪悪感と孤立）として記述されうる領域で、他者への痛み（共感、良心の呵責、後悔、孤独、悲嘆など）と部分的に重なります。

情緒性が事態の中核であり、それは事実として転移現象であり、またそう見えるので、この二つのポジションのあいだの運動を媒介する重要な問いはいつも、「この苦痛は誰のものか」というものになります。これは、コンテインメントの問題と言うこともでき、エネルギー保存に類似した法則に従います。

心的現実の観点からは、心的苦痛は究極的な事象であり、それ以上分けることも破壊することもできません。心的苦痛は対処される必要があります。苦痛の許容力によってその責任に耐えることは共－拡張され、貢献から寄生のスペクトラムに分類されうる関係性における主要な事象をつくります。

この見地からは、寄与の本質は他者の苦痛を共有することであり、許容範囲のなかで他者の苦痛を軽減することです。一方、この範囲を越えると放縦と過保護という事態に陥ります。スペクトラムの片方の極においては、心的苦痛の荷を降ろすことで否応なしに、冷酷さが利用される程度に応じて依存から寄生へと次第に変化します。その変化と分配の手段が、力動的次元によって記述されます。

いまや、心的苦痛のコンテインメントが、このモデルにおける家族の啓発的機能を吟味するための中心的概念であるという見地を取ることができます。

認識論的次元

このモデルをさらに綿密に吟味するのに先立ち、この時点ですべてに暗に含まれている哲学的立場を明確化する必要があります。そのなかで、このモデルが用いられるときの手段を示したいと思います。それはモデルの哲学的立場の真実性や実用性のいずれの強調も意味しません。ただ単にモデルとの関係を、つまりこのモデルに特有の見方の有用性を明らかにするということです。

心的現実の一義的な地位を強調する精神分析の一般的な見方を踏まえて、意味の生成や、生成する価値がもつ意図性を最重要視する知の概念を、二つの大きなカテゴリーに区別する必要があるでしょう。それは世界を理解することへと向かう知と、世界を支配することへと向かう知です。これらを芸術や科学と同等に考えるのは誤りかもしれませんが、いずれ科学の芸術および芸術の科学について語らねばなりません。一連の行動は、他者の特徴であると規定するものとほぼ等しいものです。そして動機的定義は確固たるものであり、これはその人だけが観察できることであり、決して他者が直接的に観察できるものではありません。

哲学的な土台にある第二の礎石は、すべての知は考えることに由来するという観念です。それは与えられることはできず、たとえば夢のアイテムが夢内容に表象されずにもたらされることはないでしょう。さらにまた、考えることは事実であり、それは外的世界と内的世界の事実ですが、その観察のみに作用することができます。

外的世界の事実は、情緒体験の文脈において私たちの感覚に突き当たったときの二次的な性質によってのみ知りうるので、これらの情緒体験の事実について考える能力には、特に苦痛についての情緒がコンテインされることが必須です。この苦痛は、本質的には不確かさにかかわる「不可知の雲」や「負の受容力」のことです。

思想家はほとんどいませんが、教える力を秘めた学び手は多いという立場を取るつもりです。ゆえに、ここでの知の理論は、すぐれた天才や預言者から始まるトリクルダウン（徐々に溢れ落ちる）理論です。しかし、良い天才がいるように邪悪な天才もおり、大嘘つきの創案者や不正表示をする技術者もいます。それはたとえば、「祖国のために死すは美しく名誉なり」[6]という、ヒットラー（Hitler）による公布に見られます。

認識論的次元を経済的次元と並び置いて、投影、妄想・分裂ポジション、プロパガンダ（嘘）に対抗するものとしての、取り入れ、抑うつポジション、経験（真実）から学ぶことの対比を強調しました。

ここまでに言及した学ぶことと訓練の他の形態は、親密な関係性の情緒的な文脈の外側に起こりえます。すなわち妄想・分裂ポジションと抑うつポジションの支配の外に、本質的には快楽主義者か一人前でない人がいます。

しかし、子どもが学校で教師との転移関係を形成できないものの、学校での振る舞いが、家庭での両親との関係や子ども自身の内的対象との関係によってひどく影響を受けているようなときには、Ps⇕Dの影響は従属的な力と感じられるかもしれません。子どもたちは内的あるいは外的に家族との同一化を、そして家族集団の代表として機能するコミュニティへの同一化を発展させているに違いありません。子どもの調査では、家庭の内外での子どものこころの状態と、実際の学校での経験と、児童精神科とのあいだには、はなはだしい不均衡があるとしばしば指摘されています。このことは、両親にとってコミュニティのなかにいる子どもが我子には見えないことがいかに多いかを明らかにしています。

◆注

［1］［訳注］原本には以下の文献の記載が漏れている。*The Dynamic Theory of Personality* (Kurt Levin, 1935)。レヴィンは、行動が導き出される諸要因を生体内に概念的に構成する対位的方法を採用し、B＝f（P、E）、すなわちB（行動）はP（人）とE（心理学的環境）の関数であるとした。そしてPとEの両方を含んだ心理学的事態を「生活空間（life space : LSp）」と呼んだ。生活空間は、ある瞬時における生体側の内的な心理学的世界を表わすものだが、直接的な内的世界でも意識される世界を表わすものでもない。生体がいかなる行動を取るかは、ある特定の瞬時のLSpよって導き出されるとし、LSpの各部分の位置関係の表示のためにトポロジーを用い、力学的関係の表示のためにベクトルを用いて行動の諸相を説明しようとした。レヴィンは、

生活空間の構造について図示をさまざまに試みている。本書の図解はレヴィンが概念化した「生活空間」を参照しているが、この図解はメルツァーらによるまったくオリジナルなものである。

［2］［訳注］ビオンは『経験から学ぶこと』（1962/1999）の最終章で、それまでの精神分析で超自我として理解されてきた特徴を羨望によって剥ぎ取られた、内的対象としての「超」自我を記述している。

［3］［訳注］メルツァーは、内的結合対象との取り入れ同一化を介した関係性がもてることを創造的な大人の性愛としてとらえ、そこには隆起という局面があると述べている（ドナルド・メルツァー［古賀靖彦・松木邦裕＝訳］（1973/2012）『こころの性愛状態』金剛出版）。

［4］［訳注］親的家族はcouple familyと表記される場合もあり、matriarch-patriarchyは家母長的－家父長的とも訳される。

［5］［訳注］イギリスの劇作家であるハロルド・ピンター（Harold Pinter）による、日常のありふれた会話や長い沈黙などによって生まれる恐怖や強い感情を喚起する不条理劇における演劇手法のことである。

［6］［訳注］*Dulce et decorum est pro patria mori.* 古代ローマの詩人ホラティウス（Horatius）の言葉を、ヒットラーはプロパガンダのために剽窃した。

第3章
コミュニティ

ここまでの章で述べてきたことは、このモデルを構築している理論的背景になるものとして、個人と個人がもつ世界の概念に対して、精神分析的な観点から多くの注意を向けることが主体でした。これは相談室の外で用いられることを意図しているため（当然これは相談室の内部で用いられるモデルでもありますが）、コミュニティや家族の一般的な構造がこのモデルに関連しながらも、より緻密な構造である限り、かなり詳しく探索されるのは必然的なことです。

これは社会構造の新たな理論に着手するものでも、旧来の理論を特に採用するものでもありません。それは個人についての精神分析的な見方によって、社会構造が意味するものを理解しようとすることです。

これまで、気質からコミュニティへ、外に向かうモデルにかかわる遠心性の運動について議論してきました。次に求心性のモデルで考えてみることは重要なことです。それは、このモデルでのすべての運動が中心を起点にするという印象を補正します。すなわち個人の気質から、内的状況を通過して作用し、性格を形成し、家族を侵襲し、それがコミュニティへの適応に影響するという構図です。

この反対方向の影響、すなわちコミュニティの特性が家族構造に影響を与え、それが家族メンバーの性格形成に影響を与えるということは、同じように重要です。しかし、留意しなければならない点は、モデルが扱っているのはコミュニティの構造であり、それは単にある特定の範囲内での家族への影響や反応であり、そこに関連した子どもの発達と啓発に影響を与えているということです。

モデルの構造に、中心から外へという一定の連続性が暗示されています。それぞれの水準や組織体の基本的な四つの区分のなかに、一つの性と反対の性によって支配される下位区分が追加されます。コミュニティの環の各区分は、家族としての家族が、または家族を代表する個人たちが相互交流しているコミュニティの、ある特定の情緒や態度の視点を示しています。また、ある個人は個体として振る舞わず、社会的組織体のなかで自分が理解したなりの役割を果たし、その状況を表現しようとしていることも忘れてはなりません。しかし、その役割の理解や解釈は自明なものとされるため（「私は軍人だ。だから、ただ命令に従ってきた」）、ある行動に対するメンバーの責任は組織体に委譲されたと感じられます。権力によって犯罪者を罰したり追放したりすることによって、それらを却下する場合でなければ、組織体は果たして責任を感じることができるでしょうか。あるいは責任を感じるかのように行為するにすぎないのでしょうか。抑うつ不安や責任感は、組織体の大きさに反比例して（おそらくは大きさの二乗で）変化すると考えられているように思われます。

そのためコミュニティの水準の記述において、個々人がお互いに契約として振る舞う全体的状況を取り扱っているわけです。それは、社会的契約についての人々の理解の枠組みで、契約（「自分の権利を知っている」）のうち自明なものとされている社会的役割を果たし、その役割を履行する（「あなたは何をしてきたのか」）ことです。この契約上の関係という状況は、契約は繰り返されるという点で修正することができます。あるいは契約というものの思慮のなさに、こころがなく感情もない機械のようだと腹を立てて、人は抵抗するかもしれません。しかし一般に、たいていの人は改変箇所に気づかないと言ってよいでしょう（たとえば、ブレヒト（Brecht）による偉大な舞台『ガリレイ』［1］では、天文学者が盛式ミサを執り行うために服を着せられる場面で、親友の枢機卿の助けを求めます）。

このモデルの中心にある精神分析的な指向性に従って、コミュニティの異なる側面を次のように名づけました。

（1）結合対象の博愛的コミュニティ

（2）母親的な支持的コミュニティ
（3）父親的な支持的コミュニティ
（4）母親的な寄生的コミュニティ
（5）父親的な寄生的コミュニティ
（6）妄想的コミュニティ

コミュニティのメンバーの破壊的な側面と統合失調症的な側面への態度を含めて、それぞれの詳しい考察を次に記述します。

結合対象の博愛的コミュニティ

あらゆるコミュニティは、それぞれの神話をめぐって組織化されているとみなされます。博愛的コミュニティでは、どのような形にせよ神話のなかに、母親と父親の幸せな結合が子どもたちの幸福を博愛的につかさどるという観念が表現されます。あるいは、国王と王妃、首長と議会、資本家と事業主、政党と党執行部、所有者と管理者、教会と教皇などの結合があります。

これは戯画であり、ある意味で家族のパロディではありますが、情緒性というものが率直に偽善的でないときは情愛的なものです。この神話のもとにあるコミュニティは、寛大さ、寛容、包容力、忍耐強さ、賢さ、公平さというような性質として記述され、確実に親的な対処法で振る舞うことができます。

しかし、それはすべて「絵に描いた餅のような」ものであり、ゆえにストレスや失望のもとではほとんど耐え忍ぶことはできません。博愛という神話はいつの間にか消褪し、コミュニティはその態度と行動を転じます。この転換にはいかなる契約の変更も求められず、契約の解釈の変更にすぎません。それどころか周知される必要もなく、おそらく秘密裏に行われるものです。

たしかに、このコミュニティでは、誰であれメンバーはその博愛が及ばない外部に住むことは認められません。しかし、メンバーの定義は簡単に変更され（たとえば「ユダヤ人」＝「寄生虫」）、除去、追放、隔離、強制居住区域がつくられ、あるいは（たとえば放浪者のように）存在の否定が実行されます。

博愛的なコミュニティは、メンバーの一側面である破壊的および統合失調症的なパーソナリティを、あたかも妄想的コミュニティの境界をさまよって滑り落ち、妄想的コミュニティの実際のメンバーであるかのように対応します。あるメンバーのパーソナリティのこうした部分で執拗に目立つところは、麻痺と分離の作用をもつことがあります（たとえば、メルヴィル（Melville）のすばらしい小説『バートルビー』〔2〕や、コンラッド（Conrad）の『ナーキシス号の黒人』〔3〕でのジェームズ・ウェイトの衝撃を参照のこと）。あるいは、それが主導権を握ってコミュニティ自体を妄想的なものへと改変するかもしれません（ビオンの『集団の体験』を参照）。

中核をなす歴史的な神話と一致して、博愛的なコミュニティは、それがすべての秩序と創造性の源泉であるかのように振る舞います。その影響力は組織の補完的水準や、究極的にはその代理の権限を付与された個人にまで委嘱されます。最も地味な労働者であろうと、最も名高いアーティストや科学者であろうとも、このコミュニティはいかなる価値の実現もその功が認められることを前提としています。親不孝のいたずらっ子ですら行儀よくしさえすれば、すべては完璧であり前進することができるという中核神話を全メンバーは信じることができます（ビオンの『注意と解釈』の科学者と嘘つきの神話を参照）。

第4章でより詳細に考察するつもりですが、強調すべきことは、基底的想定グループの形成の原理に対応するコミュニティの神秘的な組織体についての議論です。

この神秘的な領域の外を一般にはコミュニティの政治的組織が取り囲んでいるのですが、完全に別の領域がもちろん存在します。それは個人やワーク・グループの領域であり、個人は自分が身につけてきたスキルで他の人と比較して、各人に割り当てられ引き受けた課題に取り組みます。自ら決定をし、間違いを犯したとしても、その責任を取るという大人としての態度です。しかし、この二つは共存します。たとえばあなたがオイルかビネガーを使うときにどちらのコルク栓を引き抜くか、つまり個人かグループ心理のいずれのコルク栓を抜くかによるということです。

母親的・父親的な支持的コミュニティ

結合というこの神話、つまり協和的な親らしい態度は、身体の病気はもちろん剥奪や失望のストレス下に置かれると、それを維持することができません。身体の病気は博愛感を動員する傾向がありますが、一方で、剥奪や失望は本質的に責任転嫁が行われるため、博愛感は損なわれます。母親的な包容力とコミュニティの寛容さが欠落し、あるいは父親的な強さと勇気が崩れます。いずれの場合も、性別ごとにイメージの差異が生じます。勇ましく活気に満ちた女性ですら、望まずにもうけた子どもの世話をするために、無精で大酒飲みの自堕落な夫から棄てられます。あるいは、献身的で働き者の夫は、子どもをネグレクトしたり遺棄したりする自堕落で不実な妻に悩まされます。

こうした状態の徴候に直面すると、コミュニティは信念をもって反応します。夫的な気遣いは失望した女性の欲求を急速に満たし、妻的な優しさは裏切られた男に暖かい気持ちを与えます。コミュニティは母親であり、あるいは父親であり、しかるに失望させる配偶者は子どもの立場に格下げされます。ひとり親の家族は、修道女の処女性のように、すなわちコミュニティとの結婚指輪をすべての指にしているような、実在しない問題として扱われるかもしれません。無責任さは見過ごされ、この神話を履行する公務員が、エスカレートしていく貪欲さや寄生や抑うつや無秩序に我慢できなくなるまでは、コミュニティにある責任という神話によって隠蔽されます。

母親的・父親的な寄生的コミュニティ

神話が家族とコミュニティの双方に維持されていると、家族とコミュニティの相互作用のドラマはほとんど容赦なく寄生へと滑り落ちます。しかし、強いサドマゾ的な基盤が寄生にはあり、関係性の体系を全くのところ反転させます。誰が誰を搾取しているのか、たいていすぐにはわかりません。加えて、関与するどんな人もこの問題には全般に同意しない傾向があります。

コミュニティの資源を守る人たちは、公正さと価値を意味する豊穣の角《つの》［4］を空《から》にするといった不正のような、冷酷な攻撃が生み出されていると感じます。困窮者は、やがて来る奴隷化に向けて、知らない間に自分たちの権利が侵害されていると感じます。相互に抱く妄想は、度重なる訴訟へと移行するこの状況がもつリアリティへの懸念に近いものです。

いずれのメンバーも他方のメンバーのパーソナリティの破壊的要素に投影します。支持的なコミュニティにおいて、これは親カップルのうちの義務を怠っているほうに悪い影響を与えるとはいえ、実在はするけれど外部にあるものとして認識されます。寄生するコミュニティでは、闘争、逃避、さもなくば屈服するしかありません。

妄想的コミュニティ

家族とコミュニティのあいだで不信が高まるとき、悪魔がそのドラマに入り込みます。もはやそれはシステムではなく、不適切で欠点だらけの間違った解釈がされます。もはや結婚の破綻の問題ではありません。悪魔がその状況に侵入してきて、調和や豊富の楽園であるはずのものを堕落させます。おそらく、むしろ狂った特質が結合した両親の優しき特質の力をも強奪してしまいます。

もし、秘密裏に堕落したシステムを取り替えずに、家族のなかであろうとコミュニティのなかであろうと、親的な力を強奪する者をそのときに引きずり降ろさないなら、いかなる場合においても革命的な変化が必要とされます。美と強さの新たなつながいが、新時代の先導役になるに違いありません。若者は堕落した世代が失敗したところに道を見出すでしょう。健全さは狂気に、善さは悪魔に勝利せねばなりません。家族は、新たな救世主を支えるためにエジプトに逃げねばならないかのように行動し、その一方でコミュニティは、火星からの侵入が今にも始まるかのように振る舞います。

もう一度強調したいのは、これらすべての傾向がコミュニティのなかに活発に存在しているということです。そして、いかなる家族も、基底的想定状態の組織体のなかに入り込んで、たやすく罠にはまってしまうかもしれないということです。

◆注

［1］〔訳注〕『ガリレイの生涯』。ドイツの劇作家ベルトルト・ブレヒト（一八九八－一九五六）による一五景からなる戯曲。

［2］〔訳注〕法律事務所を経営する「私」の前に現われた代書人バートルビーは、「せずにすめばありがたいのですが」と一切の仕事を拒否する。それにとどまらず、事務所に住みつき、居座り、やがては「私」が事務所ごと引っ越すがまだ彼はそこから動かず、果ては警察によって墓場（トゥームズ）へと連れていかれる不条理の物語である。

［3］〔訳注〕コンラッド（一八五七－一九二四）は、ポーランド生まれの英国の小説家。『ナーキシス号の黒人』は、ボンベイからロンドンへ向かって航海中のナーキサス号を舞台に、結核で死にかけている黒人船員ジェームズ・ウェイトと何かにつけ問題を起こすドンキンの二人を取り巻く船員たちの行動と心理を描いた作品である。

［4］〔訳注〕cornucopia. ギリシャ神話で、幼いゼウス神に授乳したと伝えられるやぎの角のこと。

第4章

家族という組織体の基底的想定レベル

国家や会社、外洋を航海する船や写真クラブといったコミュニティを組織化するため、多彩なありようが存在していることは疑いようがありません。概して、ビオンはその数多くのありようを二つの大きなカテゴリーに分けました。それは、**ワーク・グループと基底的想定グループ**です。

ワーク・グループを親しい協力関係のなかで形成するために、そこには時間と思考とコミュニケーションが必要とされます。しかし、一方、そこに二人以上の人が存在するならば、瞬く間に基底的想定グループが生じる可能性があります。不在のメンバーもそこに居合わせているメンバーと同じくらい重要かもしれませんし、グループが機能する形式は、その基底的想定の神話による無意識的な意図の承諾によって決定されます。

ビオンは三つの基底的想定を描写しました。すなわち、基底的想定・依存、基底的想定・闘争‐逃避、基底的想定・ペアリングです。ここではビオンにもとづき、一方でここで分類されたこれらのカテゴリーと、ここで示唆する特定の構造との相互作用に重点を置くことにします。たとえば、モデルを整理するなかで提案したように、この三つの基底的想定グループは本来互いに連続的な関係にあることを提案するつもりです。

この連続性は、次のような物語によって構成される神話として描写することができます。はじめに、グループにおけるすべての欲求は、リーダー（両親）の知恵によって叶えられます。そのため、周辺のグループ（部族）が自然と抱く羨望と恨みは抑制されます。しかし、リーダーが年を取りさらには引退するとき、その継承を熱望する若い人々のあいだで意見の不一致が起こり、葛藤的な方針が生じます。それは闘争と逃避です。結果として、リーダーの死後、グループは二つに分割され崩壊します。一方は闘争に留まり、もう一方はより平和な隣人を求めて避難します。前者は次第に殺されたり同化されたりしますが、後者は新しいリーダーの誕生を待ちます。このリーダーは時が来れば登場し、その知恵などによってグループのすべての欲求を満たします。そしてその闘争精神によって、新しい隣人との関係を打ち立て、安定化させます。

ここではこの神話を、隣人のコミュニティや周囲を取り巻く社会的・政治的構造と対をなす、組織体の基底的想定レベルにおける家族の運動の典型としてとらえることにします。

言い換えれば、家族は多面的な関係をもつ個々の組織体のレベル（ギャング家族、逆転家族――

第5章を参照）から、歴史的神話によって支配される他の組織化のレベルへといつでも移りうると仮定されます。この歴史的神話の起源は、全会一致のもとですが、ほとんどは無意識的なものです。それは瞬く間に組織化されうるという特徴があり、この組織化は相互の投影同一化によって生じ、均質に分配されたこころの状態にもとづいています。家族の名目上の役割は不変ですが、機能の分布はドラスティックな改変を被り、家族というよりも原始的な部族と類似したものになります。さらに詳細に吟味していきましょう。

基底的想定グループ——依存

リーダーが、結合両親、いずれかの親、子ども、親族、同居人、隣人、あるいは不在のメンバーのいずれの人物の形式を取っていたとしても、リーダーシップの機能はグループのなかで秘密裏に誇大的な人物の手に自然とゆだねられます。リーダーの機能は、思考すること、計画すること、そして責任を果たす機能を示す（遂行するのではなく）ことにあります。

リーダーの機能は、言語能力が最も高いもつ人物にゆだねられると予想する人がいるかもしれませんが、実際には輝かしい沈黙が知恵としてまかり通ります。

基底的想定・依存グループのリーダーは、周囲のコミュニティに対して慈悲、寛大さ、平和、善を待ち望む態度を引き起こします。邪悪なものが否認されることはありませんが、いわばロシアや火星のように距離をもって置かれます。両性のうち一方の性が支配的であるとき、この支配は博愛的コミュニティに内在するものとみなされます。

そのためグループの神話では、劣位にある性に、必ずしも邪悪ではないものの長い歴史をもつ劣等性、不十分さ、信頼性の欠如という兆候が含まれます。コミュニティの社会的、経済的、政治的な歴史と入り混じった家族の歴史は、ポリシーと態度を正当化するものとして大きな役割を果たします。協調性のない人やスケープゴートは重要なメンバーであり、結束力となるでしょう。

基底的想定グループ——闘争-逃避

このグループのリーダーシップは、年齢や性別、家族の表面上の役割にかかわらず、激しく暴力的なものに陥る傾向があります。暴力は強さや確信と見間違われることがありますが、周囲のコミュニティに対する無慈悲で貪欲な態度を生み出します。それは、「報復すること」や「権利を獲得すること」であったり、あるいは新しい隣人の逃避に備えた配給品を漁ることを目的とするものであったりします。

時間は圧力と感じられ、強すぎる圧力は思考を不可能にします。世界は試行錯誤以外のいかなる方法でも接近することが困難なほど計り知れないものであるために、行動が不可欠なものとなります。多くの問題を抱えた他の家族との同盟関係を探し求めますが、「役所に逆らうことはできない」といったタイプの普遍的な悲観主義によって逃避へと駆り立てられます。この悲観主義は、いくばくかの焦土戦術を取ることで慰められます。

逃避しつづける力が不足していたり、被害的色彩によってコミュニティへの対応を間違えると、闘争は消耗戦に陥るかもしれません。すなわち、訴訟に固執することによってコミュニティの資源に寄生し浪費するという冷戦です。ですが、若者がより刺激的になりうるものに関心をもつにつれて、秘密裏に抜出することによってグループは弱体化します。

基底的想定グループ――ペアリング

グループのエートス（それは意識的な神話、より多くの場合には無意識的な神話を表象しています）が依存から闘争－逃避を通過してペアリングに移行するとき、基底的想定グループを取り巻く世界は、次第にさらに相容れることができず迫害的になっていきます。ペアリング・グループにリーダーはいませんが、実際の赤ん坊あるいは赤ん坊の複製や表象のような姿をした新しいリーダーが出現するという期待のなかで生きています。

新しい（古い）考え、あるいは場所、またはビジネスのような約束事かもしれませんが、どのような焦点が活性化されるにしろ、それは救済者が生まれる予定の夫婦の寝室という意味をもちます。こうした理由から、セックスや少なくとも性的な情熱の雰囲気が思考と態度に浸透します。それはあたかも、性交はほとんどものを製造するかのような意味合いですが、売買することができるか、少なくとも誰かに伝えることができる商品として、その中心的活動となります。それは有害物質や機械の騒音や臭気のない「自然な」農法（ブレイク（Blake）の「切られた虫は鋤を許す［1］」）や、裸体主義や新キリスト教派、家業、あるいはただ天才を生み出すこととして顕著に認められているようです。

いわゆる文明社会のソドムとゴモラ［2］から脱出した家族であり、この家族はすべての援助の手を潜在的に対抗するものとして感じるため、コミュニティからの感情的な孤立と同じく、地理的にも孤立を熱望します。この家族は監視されているように感じ、普通の学校に行くことを強要して子どもたちを堕落させる法律に憤慨し、自給自足を目的とした用件以外にお金を使うとはしません。もっと正確に言えば、この家族は利用している技術文明の恩恵を無視し、さらに言えば石器時代の文化に広く見られる皆殺しとなる部族間紛争がないことによって、自給自足という幻覚の維持を目指します。

歴史に対する無知によってこの家族は、善と原始性を同等とみなします。また同じように、自然科学に対する無知によって、自然のままであることと快適さを同等とみなします。こうした隔離によっても、広範囲で敵対的な好奇心の的になっているという妄想的観念は払拭されません。

ほとんどの場合、西洋か東洋か、科学か神話かによらず、遺言書のような重要性をもつテキストが存在しており、それは新しいエルサレムの到来に関する預言者の言葉のような役目を果たします。内在する現実化が救世主の夢によって十分に約束されないならば、暴圧的支配がないところでは子どもたちは離れていき、不満をもってグループを探し求める新しいメンバーに取って代わられるでしょう。このように敷衍していくと、ペアリング・グループは信心深いふりをしたまま危険なほど反社会的になっていくか、コミュニティへ戻るよう強要され、さらには乗っ取りさえするために、闘争－逃避の位置に戻る準備を始めることになります。

家族のなかにある基底的想定の組織体への移行を促進する力について、十分に論述することはできません。ここで同時に働く二つの要因を指摘することにします。すなわち、次章で研究することになる家族組織体の問題のなかにある袋小路と、夢と（神話と）外的現実のあいだの深刻な混乱に釣り合う生命力をもつメンバーが備えたカリスマ的な影響力です。その人物は、今この瞬間よりも過去と未来においてより生き生きとしていて実体的です。それは無我や愛、自己中心性に打ち勝つことの戯画と言えますが、このような人は、過去に生きている、あるいは未来のために生きている精気を刺激することができます。

家族における基底的想定の組織体の状態は、瞬間的なものでもあり、持続的なものでもあるでしょう。ほとんど持続的なものですが、組織体の原始的な原則による支配が少ないときには、活動しないままとなります。

ビオンは、症状があるときよりもむしろないときに、心身症の障害は基底的想定機能と密接な関係があるという明晰な示唆を与えました。それは臨床的経験によって明確に補強されるものでした。このことは宗教的雰囲気をもつ、基底的想定・ペアリング・グループにおいて特に重要です。というのは、宗教と治療は相互に支え合う傾向があるからです。

こうした理由から、基底的想定・闘争−逃避グループが逃避ではなく消耗戦と寄生に陥るにつれて、コミュニティにかかる圧力がメンバーの健康へとますます焦点化されていくことがわかるでしょう。メンバーを治療するというコミュニティの責任——病気がメンバーを不幸にするので、治療はメンバーを幸せにすることとほとんど区別がつかなくなるのですが——は、訴訟や抗議をしばしば引き起こします。

一方、孤立に逃げ込みペアリング神話に取り込まれている基底的想定・逃避グループは、反抗的、競合的にコミュニティの医療的権利の独立を主張し、より精神的あるいは魔術的な手段に信を置きます。一般に社会悪とみなされる病気を招き入れるような罪深さを避けるために、これらは本質的に実りのない手法によって成り立っています。

原始的なものと精神病的なものの混乱を招くために、基底的想定の機能が狂気と等価だという印象を与えるつもりはありません。しかしながら、家族水準よりも基底的想定水準において、精神病的な個人が遥かにたやすくリーダーになりやすいというのも事実です。それは、現実検討能力がその意義を失い、指針となるものが基底的想定の神話に取って代わられるからです。

◆注

［1］［訳注］ウィリアム・ブレイク［松島正一＝編］『天国と地獄の結婚』（岩波文庫）「地獄の格言」の一節。「想像力の世界こそが真の現実だとする考え」「真実に達する道は一人ひとり違っていて、それぞれの精神の自由が大事」などの文脈にある格言／箴言。

［2］［訳注］旧約聖書「創世記」。ソドムとゴモラの二つの町に住む民は、性的で放埓な行為を繰り返し、神の怒りにふれて天からの硫黄の火によって滅ぼされた。

第5章　家族の組織体

本章がこのモデルの核心です。ここで役割と機能に関する定義は難しく、難航することになるでしょう。これまでに出てきた基底的想定レベルおよびコミュニティと関連する啓発的機能、またこれから出てくる個人の発達の問題とそれに関連する啓発的機能について特に言及するつもりです。個人の発達は、次元についての議論（第2章）において既述したものです。

モデルの図解からわかるように、個々のメンバーのパーソナリティ構造の六タイプを維持しながら、家族の組織体の六つのカテゴリーを描き出しています。

これら六つの詳細な記述に入る前に、その役割と機能の分類について定義することが有益でしょう。その際ここで強調されることは、社会学的区別ではなく、メラニー・クラインと同僚らによって描写されたパーソナリティの内的構造に対する精神分析的研究による推論です。これは、ビオンがグリッド（『精神分析の要素』（1963））のなかでC列、つまり夢－思考および神話に属すると定義したものです。それは、ビオンの思考装置のモデルのなかの素因的レベルにおける思考のひとつでもあります。

家族生活の役割と機能

本書の第1章で、このモデルの中心的概念は、コミュニティのなかの家族メンバーの成長と発達に関連する、コンテインメントの問題と心的苦痛の分布にあるということを強調しました。苦痛のないところに発達はありません。逆に言えば、パーソナリティにおける退行はすべて、過去の成長段階におけるパーソナリティの構造化と結びついた心的苦痛の再活性化とみなされます。そのアイディアは、精神分析的思想として理解することができます。

したがって、すべての家族メンバーに等しく適用できる初期の力動的、経済論的分類は（それはまた、擬人的拡張によってペット、家、家督に適応することもできます）、「成長すること」、「安定すること」、「退行すること」となります。この分類は個人が耐えることのできる心的苦痛のレベルが、成長にとって適切であるか臨界であるか、あるいは不適切であるかということに直接的な関連があると理解するべきです。これらのカテゴリーを現象学的に確固なものにしていくことを、後の議論のなかで試みていきます。

考察される家族の名義上の役割は古典的なものです。それは、両親、赤ん坊、就学前の子ども、学童、青年期コミュニティのメンバー、祖父母、そして拡大家族のメンバーです。しかし、他のすべてに優先してここで関心を向ける機能は、これら名目上の役割に含意されるものとはどれも似つかないものです。これらは愛を生み出すこと、憎しみを広めること、希望を促進すること、絶望の種をまくこと、抑うつ的苦痛をコンテインすること、迫害不安が漏れ出ること、混乱を作り出すこと、考えることとして項目化することができます。

これらの機能はいずれも、行為かコミュニケーションによって実行され、真実もしくは嘘（その意味が偽りであると知られた行動あるいは言説）によって公然と、またはひそやかに実行されます。どの瞬間においても、これらの機能は個々のメンバーに委譲される傾向にあり、その人と対等な地位にいる人物との機能の対立をもたらします。個人が自分自身のためにある機能を遂行しようとして他者にしがみついているなら、依存関係の機能について言及することになるでしょう。機能はその個人によって引き受けられるか、もしくは他のメンバーによってその個人に課されることになります。機能は誰も機能を担わないときに停止状態となり、潜在する破局不安とともに混沌に焦点化されることになります。

ここで、理想像やそのバリエーションを表現しているわけではないということを想起してください。これは、個人、家族、そしてコミュニティの生涯のプロセスにおいて、絶えず続く流動性の程度を仮定する、高度に力動的なモデルを抽出する試みです。したがって、以下に続く組織体の描写には、二つの意味が含まれることになります。それは瞬間的な状態の描写、そしてさらに一般的な傾向です。

カップル家族

カップル（必ずしも実際の両親である必要はありません）によって家族が統轄されるとき、その結合は家族に愛情を生み出し、希望を促進し、抑うつ的苦痛をコンテインし、考えるという機能をそのカップル家族間に携えているように見えます。

他のメンバーはこれらの機能のために、そして成長に伴って変化する心的苦痛を緩和することができるために、カップルに依存することになります。このことによって、次には憎悪を広め、絶望の種をまき、迫害不安が流れ出し、混乱を作り出すすべてのメンバーによって、カップルは葛藤に置かれることになります。それはカップルの調整機能ゆえにそこに依存しているメンバーを守るためなのです。

これらの機能を実行するためのカップルの能力には、性的で神秘的だと思われている私生活に定期的にひきこもることが必要とされているようです。カップルが離れざるをえない時間は、宙に吊るされたダモクレスの剣［1］のような雰囲気に陥り、一方でカップルの連結は、赤ん坊という家族の新しいメンバーに対する不断の期待を抱かせます。カップルの求愛の歴史は、依存するメンバーにとって神話的な関心事であり、それが将来への希望に形を与えます。

カップルの四つの取り入れ機能である愛情を生み出すこと、希望を促進すること、苦痛をコンテインすること、そして考えることは、男らしさと女らしさに細分化されるのではなく、もっと直接的な方法で配置されているものです。つまり、母親的人物は子どもの投影の的となり、父親はこうした心的老廃物を処理するものとなります（ハリー・トルーマン（Harry Truman）の「責任は私が取る」［2］）。

父親に対して感じられている愛情の強烈さや、それと同時に起こっている抑うつ不安にもかかわらず、依存的なメンバーが抱く破局不安のすべては母親に集中する傾向があります。そのため母親が衰弱しているとすれば、父親の力不足の可能性、またはその疑いがあります。

一方、父親が衰弱した場合には、憎悪と投影された迫害感によってこのシステムに負担がかかりすぎている証拠とされ、このときスケープゴートが作られる傾向によって依存的なメンバー間の対立が助長されます。

家族のすべてのメンバーの成長は安全感の維持に不可欠なものです。成長の証拠となるのは、注意深い観察と繰り返しの検討によって得られた、身体的、社会的、知的、情緒的発達の指標となります。自然環境や社会環境について楽観的で博愛的な見方が一般的であっても、この安全感は本来、家族に備わっているものであり、コミュニティとは全くかかわりがないと感じられます。そのため、たとえ家庭や風景、友人や近隣といったコミュニティと緩やかなつながりがあったとしても、家族がそこから離れることもできる可能性があると感じられています。好機の兆しが見えたとき、母親が妊娠しているときの感覚のように、未知へと挑戦する動きが始まります。

個々のメンバーが家族の代表として学校や職場や買い物などで行動することを通して、コミュニティとの全般的な関係が続いていると感じられます。個人のアイデンティティ（名）は、その重要性において家族アイデンティティ（姓）に次ぐものであり、それは地位の指標ではなく責任の重圧なのです。それは、「家族に恥をかかせる」ことになる「ご近所は何を思うだろうか」はあまり問題ではなく、むしろコミュニティの一般的なエートス（精神的特質）に依拠する問題なのです。

カップル家族の最大の脆弱性は、各個人の独自なアイデンティティのなかに秘んでいます。そのため子どもの死は耐えることのできない唯一のストレスとして感じられます（ワーズワース（Wordsworth）の「わたしらは七人」[3]）。流産や死産でさえ喜びを打ち砕く影響をもつ可能性があり、エートス、関係性、凝集性が悪化しはじめ、そこからの回復は不可能であるかのようです。それはたとえば、障害児や子どもの精神病の発病、家族の非行や背信といった衝撃より、もっと破壊的な影響力をもっています。

母権的家族

母親的人物（一般的には女性ですが、必ずしもそうである必要はありません）が、すべての取り入れ機能を自身ですべて取りしきるとすれば、父親的人物の不十分さや不在や衰弱といった機能不全が表面化するかもしれません。そうでなければ、女性の強い力や活気を示すことになるでしょう。この力が敵意を伴った反－男性的な雰囲気をもつと、母権は次第に少女－ギャング家族や非行のタイプへと変化していきます。しかし、母親的人物が自分自身のなかで性格と外見、技能と強さについて両性的特性を結合させる場合には、母権はそのエートスにおいて次第にカップル家族へと変化していくこともあります。

母権的家族を伝統とするコミュニティ（たとえばジャマイカ移民）の様相を見ると、父親的機能は伯父と祖父の組み合わせといった分割したやり方で遂行されます。死や何らかの必要性によって父親がある期間不在になると、不在の対象としての父親の存在が精神内において必要な機能を遂行し、同時に、実際の心理的な必要性は内部あるいは外部の男性人物に分配されます。しばしばコミュニティはこの機能と必要性のために頼りにされます。そして、このことはとりわけ母親的人物の強さと反－男性的な側面を中心に構成された母権的家族に当てはまります。

とりわけコミュニティとの基底的想定グループ・依存関係へと最も簡単に陥落するのは、敵意のある寄生的なやり方ではなく、コミュニティの特に権威をもつ男性人物の博愛と寛大さを当然のこととする、まさにこの配置なのです。

銀行の支店長、ソーシャルワーカー、聖職者、医師、弁護士は当然のように奉仕を期待され、家族グループから慈愛に満ちた親密さで迎え入れられます。子どもたちの教育と健康によって、経済的、倫理的、知的サポートの動機と正当性がある程度は与えられ、母親的人物はその活気と楽観性によってしばしば魅力的な人物となるため、これらのサポートは難なく提供されます。男女関係が不安定になる可能性は決してなくなりはしませんが、結婚が破綻しそうなときでさえ、それは一般的には否認されます。

家庭には罪悪感による規律という雰囲気が漂っており、その基準はカップル家族における成長の指標とは異なっています。母権的家族では、基準はさらに教訓的なものとなりやすく、コミュニティにおける想像上の基準に合致することが目的とされます。そのため、「ご近所はどう思うだろうか」がより重要であり、迫害的なあり方のなかで、説明がつかない理由によって母親の品性が問題とされるようです。母親が離婚していたり、子どもに父親がいないとき、このことが最も重要なものとなります。

カップル家族において想定されている結果とは異なり、深刻な反社会的不適応、精神病、障害のある者は、母権的家族構造から容易にはコンテインされません。こうしたカテゴリーに入る子どもたちは、子どものいない親族や祖父母に預けられたり、コミュニティの保護に置かれやすい傾向にあります。

母権的人物が、愛情を生み出すこと、希望を促進すること、抑うつをコンテインすること、考えることという四つの取り入れ機能をすべて担えることは稀です。いくつかの機能は、いわば外部に布置される傾向があります。たとえば、よい赤ん坊は愛情を生み出す者として扱われるかもしれませんし、特に賢い子どもは考える人として、元気な子どもは希望を生む者として、強迫的な子どもは抑うつ的感情の貯留池として扱われることでしょう。両親の部分的機能のこうした代理は、実際に遂行されるというよりは表象されやすいために、これらの機能に負担がかかれば、その状況の根本的な不安定さが発現します。次に、基底的想定・依存への移行や、より自己愛的な偽－家族構造体への退行が起こります。

父権的家族

父権的人物がとても支配的な場合には、全く異なる雰囲気が見出されます。それは特に、母親がアルコール依存やうつ病などの精神的な理由によって能力が失われていたり、よくあることとして、出産後の体調不良といったことでその能力が失われているときです。

家父長主義の穏やかなタイプは母権的家族と似ており、さらに強い両性的特徴がそこに存在するならば、たとえ母親が依存的な人物のひとりであってもカップル家族に似てくるでしょう。

しかし、父親の攻撃的でしばしば誇大的な性格によって父権主義が押し付けられ、そして特に母親が家族から離れている場合には、厳格な規律やルールにより男子も女子もともに支配され、しばしば父親の未婚の姉妹や年老いた祖母によって助けられます。横暴で暴力的で呵責のない残酷な叱責の次には実際に年少児への体罰がふるわれ、父親の権威は封建的なしきたりによって強化されます。

その中核では経済的支配とともに封建制が生じ、青年は父親から「恩知らず」にも早々に逃げ出します。しかし少女の場合は、二十代になるまでマゾヒスティックな疑似－性的服従のなかに留まります。それは父親の冷酷さから年下のきょうだいを守るためであり、また父親への無意識的な性愛的アタッチメントによるものも含まれ、特徴的なことは、その後不似合な結婚に至ってしまうということです。

コミュニティに対する父権的家族の関係性は、誇り高き独立のひとつでもあり、また知られざる依存のひとつでもあります。というのは、いかに子どもたちが世話を求めているのか、そしてその世話を隣人や教師、クラブ活動のリーダーなどから得ているということに、父親が気づきそうにもないからです。女性に対する誹謗中傷は明白であり、親切さは軟弱なものとしてとらえられ、嘘をつくことが最も悪い罪となり、そのため家族は妄想的な雰囲気に陥るおそれがあります。しかし、頼りになる父親のよさや無私、子どもへのゆるぎない献身によって、陰気な雰囲気から救い出してくれます。

もし父親が教養のある人物であれば、特に、希望を促進すること、抑うつをコンテインすること、考えることといった取り入れ機能のいくつかを遂行することができるでしょう。しかし、よりあるパターンとして、愛情を生み出すことが祖父母の機能となり、子どもたちと祖父母的な人物が、とりわけ母親が死亡している場合には母親的人物とが、とても密接に結びつくこともあります。父親の教育水準が低い場合、考える機能は学童期の最も早熟な子どもの手に早々に渡ることになります。

非行少年に対して、あるいは精神病や障害のある子どもに対してさえ、そのコンテインメントは母権的家族よりはずっとよいものであり、子どもにとっての最大の利益を求めるようなときにだけ、親族やコミュニティからの援助を得ようとします。

父親が再婚するというひとつの可能性のある期待は、その前提とされる「まじめさ」は、幻滅にもとづいた脱性的状態を暗に示していますが、それによっては実現されません。もし子どもたちが大勢いてまだ幼い場合のとき、家政婦が現われて次第に名目上の妻になっていくことがありますが、それは本当に承認された機能ではありません。

ある点においては、父権的家族は母権的家族よりもかなり不安定なものとなります。というのは、一方では専制君主的な側面が反社会的な形態にエスカレートしうるからであり、あるいは疑似的な信心深さが特に繊細なバランスにある基底的想定・依存の組織体へと陥落するからです。

父親の病は突然の脱組織化を引き起こすことがあり、そのとき、気づかぬうちにコミュニティの善意に依存していたことが明らかとなります。父親の賃金労働の能力がそれによって脅かされると、崩壊や離散が起こるかもしれず、子どもたちは親戚のもとへ行くか保護を受けることになります。このような破綻後の家族の再統合は、母権的家族よりもさらに困難になります。というのは、規律を背景にした権威は、一度でも破壊されてしまうと再構成するのが難しいからです。

反社会的家族

母権的家族と父権的家族はいずれも、その支配的人物の性格の成熟と偽成熟とが微妙なバランスのもとにあるとき、容易に自己愛的な状態である反社会的な編成へと陥落する傾向を有しています。

しかし、両親のいずれかあるいは両方が負の同一化によって強力に駆り立てられるとき、さらに特徴的な配置が生じます。子どもの養育の仕方が不適切であったり、劣悪であったり間違っていると思われる両親から、早い独立を成し遂げた人々にこうしたことが見られます。

行動の規範は祖父母への批判を土台に築かれ、それはかなりの否定的な含みをもつので、肯定的な行動の規範というものは知的に構築される傾向があります。子どもへの思いやりや、子どもの感情、不安に対する理解や感受性を基盤とはしていないのです。

正しく根底に存在していることへの決意は優越性を実証し、そのためより早い反抗を正当化することになります。そして、子どもを「よさ」や「自立」あるいは達成することへの期待に従わせようとする、熱心な教育方針が蔓延することになります。

こうした雰囲気のなかでは、取り入れ機能は遂行されず、見せかけの真似事となります。本来の機能は、名目上の役割やその劇化に取って代わられてしまいます。愛の感覚は、誘惑や戯れ、享楽に置き換えられます。希望に満ちていることは躁的な快活さによって装われ、それにより抑うつ感情の多くは否認されます。その一方で考えることは、スローガン、常套句、ドグマ、教理問答に置き換えられ、気取った態度、服装、立ち居振る舞い、清潔さ、話し方、友達や家族のステータス、上流気取りの他の形態といった浅はかなレベルでしばしば取り扱われます。

要求を満たすことに反抗したり失敗すると、鋭い拒絶や罰や排除といった行動に陥りやすくなります。反社会的家族は母権的あるいは父権的であるため（アマゾネスやタイタン族と言ったほうが適切かもしれませんが）、コミュニティへの依存を認めない傾向があり、利用できる設備やサービスに対して無理矢理に不当にむさぼるような態度を取ります。

基底的想定グループ・闘争－逃避へと即座に変質するこの傾向の前に、非行に至る過程での興奮があります。倫理的判断を要するすべての責任を投影して罪悪感を回避することで、反社会的人物は高い興奮と注目の場に置かれます。善意によるソーシャルサービス、あるいはもしかすると懲罰的にもなりうる法的システムからの大胆で狡猾な抜け穴を利用するために、嘘をつく才能が重視されます。

そして今度は、真実へのいくつかの重要な気づきによって、反社会的家族のリーダーシップは親の手から、支配的な親に対するリーダーとして機能する賢い子どもの手へと容易に移ります。かくして、弁舌の才に過大な価値が置かれるようになります。ことのほか、歴史的事実または論理的操作のいずれかの点で真実を歪曲する才能がある場合において、顕著です。

コミュニティへの攻撃的な態度は、衰弱した家族メンバーを守るために、最も難攻不落の陣地を見つけ出す傾向があります。衰弱したメンバーが身体疾患、不慮の事故による怪我、精神的欠陥によるものである場合には特にそうです。強い者に抗して弱い者を守る際の正当な憤りは、コミュニティの資源を際限なくむさぼるための旗印となります。

コミュニティへの多義的な関係という長所によって、反社会的家族は反抗的でありながらも受容されることを求め、要求がましく、同時に閉口するほどに尊大です。教育的機関を利用することなく、反社会的家族はかなり混乱した課題をそのメンバーに強要します。反社会的家族のメンバーは、教師への依存を形成したり信頼関係を築いたりすることの機先を制されて、その家庭のエートスおよび養育と社会組織に関して（反社会的家族が）自認している原理を具現化するために、満足な進展をなすためのものが必要とされます。

権威への反抗と学校教育の成果は、学習スキルのしっかりした基盤が確立するまでに組み合わされることはありません。青年期後期より前にこうした基盤がつくられるのを期待できることは稀です。というのは、早すぎればスキルが足りず、遅すぎれば修練に欠けるからです。その結果として、学業達成の低さや非常にアンバランスな学業成績が特徴となるのが通例のようです。

責任が合理化される場合には、特殊学校のためのコミュニティの施設を攻撃するさらなる口実として、こうした状況が利用されます。両親と子どもたちの二人組精神病関係の強力な傾向は、不登校や学校恐怖症を引き起こしやすくさせます。

反転家族

片方あるいは両方の親が精神病的であるか、性的倒錯や犯罪の傾向をもつ場合、家族生活の敵対的な戯画が生じます。役割の反転によって、家族集団はコミュニティとその価値観に対して反抗的な関係を取ることになり、そのあり方は（家族の）気まぐれな性質によって覆い隠され、孤立したものとなります。

役割反転した家族のメンバーはほとんど特別な技能をもっていないため、経済的に不安定で明白な非合法の傾向をもっています。そのため、隣人との関係は明らかに略奪を目的とした挑発的なものとなりますが、似たような家族とのあからさまな共謀もありません。放浪者が容易に新しいメンバーとして加わり、金儲けの種になる娯楽活動、中古品、犯罪、売春、汚職の領域などに引き寄せられます。家族生活には、ギャンブル、飲酒、性的乱交、ドラッグ、性的倒錯、近親姦、強姦という雰囲気の側面もあります。

取り入れ機能は機能せず、それゆえに考えること、および計画することも機能しません。したがって、行動は抑制されず、その結果としての心的苦痛（それはまったく迫害的なものです）は家族内部の序列に従って次々に回され、結局は略奪行為としてコミュニティに排出されます。

専制的な序列は強い人物への同一化の投影的形態を強力に促進しますが、強さの基準は必ずしも身体的なものとは限りません。その強度は、混乱や攻撃的競争を推し進め、不信を広め、あるいは不合理な迫害不安を呼び起こそうと操作する知能にあるのかもしれません。

その結果、家族内の名目上の役割はまがいものとなりがちで、同時にその機能はでたらめに移り変わります。特に、家族の略奪的で挑戦的な態度や行動にコミュニティが対抗するとなると、役割反転した家族が基底的想定－ペアリングへと移行しようとする強い流れのなかで、混沌とする傾向が重要な役割を果たします。それはすぐに硬直化し、ゲリラ隊のように浮浪することになります。

こうした一般的な浮浪の傾向に加えて、子どもたちが学校で不適応を起こしたり、どのようなコミュニティや近隣の子どもたちの組織へも統合されないということも起こりがちです。

こうした記述は、階級について示唆しているように思われるかもしれません。それは社会学的な意味においては正しいかもしれませんが、民俗学的には正しくありません。話し方、癖、態度、興味、習慣の特徴、あるいは両親の教育水準、個人的な財産や不動産の存在などは、いずれもとても変化しやすく、役割反転した家族は衰退した上流階級から普通でないジプシーまであらゆる階級に存在するかもしれません。

奇怪な信念や迷信、幻覚、さらに性的倒錯、放火、半偶発的自死の傾向は、たいてい身近であるのはもっともだと考えられます。悪魔信仰の宗派と風習への一時的関心はずっと続くかもしれませんし、宗教的主張をもつ基底的想定グループへと突然に膠着することもありえます。それは、妄想的怒りの陰に隠れている一般的な絶望の雰囲気をやわらげる希望の戯画化となります。

◆注

［1］〔訳注〕身に迫る一触即発の危険な状態について記述されたギリシャ神話。奢れる者に振りかかる危険な状態であり、ケネディ大統領が核の脅威として引用した。

［2］〔訳注〕米国第33代大統領。第二次世界大戦の最後より戦後処理の責任を担った。

［3］〔訳注〕英国の代表的なロマン派詩人。湖水地方の自然をこよなく愛した。

第6章

個人のパーソナリティ組織体

これまでの各章では一般的な検討、モデルの一般的な構造、および心的機能の次元を遠心的に記述すると同時に、その次に、コミュニティ・家族のなかの子どもの心的生活の組織体レベルに関しては求心的に記述してきました。次に、ひとりの人間としての個人の心的生活をめぐる精神分析的な説明に戻ります。このひとりの人間としての個人というのは、すなわち、その人自身にとってのプライベートであり、本質的には内的であり、その人自身以外は誰も知ることができないものです。

本章での課題は、さまざまな種類の社会的なかかわりを好む個人のパーソナリティのなかのさまざまな力を、特に検証するものでなければなりません。その社会的なかかわりが成長や発達の活動、心的苦痛に対する防衛的な活動、または他者の成長と発達に対する破壊的な攻撃という活動のいずれかであっても、です。

このモデルにより検証が期待されている、社会的かかわりの三つの主要なカテゴリーを取り上げていきます。

最初のカテゴリーは、成長に伴い心的苦痛の調整を助ける対象との関係性と本質的に対応するものです。社会的関係の防衛手段としては、心的苦痛の修正ないし回避として描写される領域に関するものです。その一方で、他者の成長と発達に対する破壊的な攻撃には、回避のより暴力的な形態（たとえば、年少の弟に対して自己の大部分を投影して、その弟の成長の能力が危害を受けるような場合）、または乳幼児的万能感や、全くの無意味な単純表現のように見える暴力の原初的形態（たとえば、何らかの意図的破壊行動）を含む可能性があります。

こうして本章に取り組むなかで、個人の精神病理の分類についてのいかなる体系的な試みをも、明確に論じることはありません。それは、現在行われている研究とは志向性が異なる取り組みだからです。ここでの関心は構造とさまざまな力についてであり、このモデルが首尾一貫した記述という目的に役立たせようとしている心的生活の三つのレベルのすべてにおいて、臨床的に明示することではありません。

このモデルは、多彩な思考の訓練と観察の方法によって、現象学的記述と相互の関係が十分にあるものと期待されます。それゆえここでは、個人の時系列的な年齢に関する事柄は全く考慮に入れず、個人の絶え間なく変化するこころの状態に関する七つのタイプの組織体の記述を試みます。

このモデルで示される七つのタイプは、次の通りです。こころの大人の状態、こころの両性的状態、こころの男性的状態、こころの女性的状態、こころの男性的－非行的状態、こころの女性的－非行的状態、そして、こころの逆転（あるいは倒錯的）状態です。七つのタイプの各々について、それらの内的および外的対象に対する特徴的関係、ならびに社会的構造のさまざまな次元とともに、中心的な構造、および破壊的で統合失調症的部分の周辺的役割を示すことになります。それはある意味で、これまでの章で記述したことの繰り返しになりますが、それらを別の形で組み立てるものともなるでしょう。

こころの大人の状態

こころの大人の状態が、**結合された内的対象**（子どものすべてを保護し養育するために力を合わせているよい両親）と同一化し、両性性のなかで十分に統合化されているのか、あるいは分離の程度や内的対象の質の不均衡に起因し、男性性または女性性のどちらかに側面に比重が置かれてしまいます。こころの大人の状態や側面は目的の意識によって特徴づけられます。

それは目標よりも意図をもつ傾向にあり、これらの意図は内的対象によって広められた倫理的な特質をもっています。外的対象が、仲間たち、目上の人、（自分が）依存している人、あるいは敵との関係において、これら内的対象の価値を維持することに影響されます。他方、道徳的戒めに従順であることは、戒めが行動を指示したり禁止したりする範囲においてですが、完全に異質のものです。なぜなら、こうしたことは、純粋に内的性質の葛藤を通して到達した決定にもとづく責任感を弱体化させるからです。

パーソナリティのこうした部分、あるいはこころのこうした状態は、服従的になることはありませんが、ある程度指示・命令を受けることに甘んじる可能性もあります。それは指示・命令に従った人をすぐに赦すかもしれませんが、不快な指示・命令を無視することができません。それは過去を、もはやかかわりがないものとして葬るかもしれませんが、それを忘れることはできません。

それによってすべての活動が、依存している人々にとって有用なものとして、あるいは転移像（メンター、教師、両親）の期待に応えるという意図をもったひとつの仕事の形態としてとらえられる傾向があります。

その愛情に満ちた生活は、共有された世界観と密接に結びつき、世界に対して共に、対象の内的世界をプライベートに共有するうえで相対する（対面（向かい合い））の関係にあります。

この関係性の水準は年齢には関係がなく、仲間たちのあいだや幅広い年齢にわたって生じる可能性があります。それは、子どもの両親との関係が乳幼児的転移から解き放たれた（一時的に、あるいは長期的に、または永続的に）結果として起きる、ある意味では愛情豊かな親密性です。

その愛情豊かな親密性は、その美的な反応に左右されるという方向に強く傾くと、善、美、および真実を等価なものにします。しかし、それはそのもの自体のなかにある偽りと欺きを熟知しているので、りんごのなかにいる虫（外見ではわからない欺き）をつねに警戒しています。

こころがこの状態にある人は、ワーク・グループにおいてはよいメンバーですが、基底的想定グループの心性が惹起されはじめると、妥協しなくなります。その人は基底的想定グループからよくても「非協力的」との烙印を簡単に押され、誇大性や攻撃性がそれに続くと、「敵」との烙印を押されるでしょう。その人はその不確かさゆえに「煮え切らない」と見られ、物事を多面的な視点から見る傾向のために「軟弱だ」と見られ、安易に赦してしまうため「懐柔的」と見られ、過去の慣例を放棄するために「不忠である」と見られるかもしれません。家族は、その人のアイデンティティの感覚に対し、何ら特別な要求を下すことはありません。なぜならその根源は、本質的には内的なものだからです。

しかし、こころの大人の状態の基礎に両性的なものが少ないと、反対の性の心性はやや不可解で、神秘的にさえなりがちです。異性の愛の対象への欲求は、やがて、深い孤立感と生きる喜びを蝕む悲劇的傾向のなかに根づいていき、独占的な親密性を同等に求める愛の対象を見つけることは難しくなります。大人の状態と疑成熟（内的対象との自己愛的同一化のなかにある自己の乳幼児的部分を基礎としたもの）との境界は、かくしてあいまいになる可能性があります。

より極端な形では、家庭やグループのエートス（精神的特質）を共有する難しさは、思春期の不安定な状態のなかで特に頻繁に見られる非行的な自己愛的組織体と見分けがつかなくなってしまいます。

こころの大人の部分ないしこころの大人の状態は、経験から学ぶことに開かれた状態にありますが、外の世界に、より馴染みながら、時の経過とともに徐々に力強く成長します。その安全性は内的に構築されるものなので、戦争と平和、幸福と悲劇、健康と病気という環境の変化の極端さに耐えることができます。それは他者の愛も憎しみをも怖れないがゆえに、個人の尊敬、およびグループの憎しみを制御する傾向にあります（ビオン）。

その最大の弱点は、おそらく外の世界で動いている無作為的なさまざまな要因を受け入れるうえでの困難でしょう。したがって、それは自分の愛の対象に対して起こる無分別な攻撃や悲劇的な運命により、絶望の底に突き落とされる可能性があります。このことは、外向きには禁欲主義として表われ、内向きには乳幼児的構造で管理されている世界における日常的な生活から離れて、能動的な社会生活や対外的な関係とある程度かかわりをもたない形で自分のパーソナリティのなかに引きこもるという一定の傾向を助長することになります。

大人の構造はきわめて早い時期に形成が始まります（その証左は赤ん坊のなかに確実に見られます）が、近親者の喪失、特に両親のどちらかの死を経験するまでは、大人の構造はおそらく十分なものにはなりません。両親のどちらかの死を経験することは、世界に対する責任をはっきりと理解させることになるからです。

こころの乳幼児的状態

他の六つのカテゴリーについて取り上げる前に、まず、こころの乳幼児的状態に関する心性の水準の特質について、一般的な形で考察する必要があります。

こころの大人の状態とは区別される、こころの乳幼児的状態に関する最も中核的な概念は、こころの乳幼児的状態は感覚や欲望あるいは衝動を伴った身体ときわめて密接な関係があるということです。

それゆえ官能と行為は、世界を経験することや世界に参加することについて最も特徴的な様式です。一方で、観察と情緒性および思考は、そのいずれもがこれらを十分に経験するためには、ある程度の行為の制止が必要ですが、通常は訓練か同一化のいずれかにより間接的に表われるものです。

乳幼児的構造の外的世界との関係性、すなわち乳幼児的なこころの状態の外的世界との関係性は、母親の身体の地理への関心と欲望に焦点が向けられ圧倒されている内的世界の状況とは、十分に分化したものではありません。こうした理由から乳幼児的な状態は、貪欲にきわめて強力に支配され、かつ性愛化へとたやすく向かいがちになります。

限られた供給物をめぐる競争のなかにいる子どもにとって重要な感覚は、思考や創造性に対して開かれた無限の可能性があるという大人の認識とは、明らかに対照的なものです。これは乳幼児の思考様式に一定の具象性と定量性という傾向を導き、かくして正義は当然の結果ではなく、せいぜい平等主義と判断され、道徳的か反道徳的かという見方を好むようになります。

内的世界と外的世界の区別は究極的には不確かであり、無作為的な諸要因と意味のない出来事は知ることのできないものであり、その自然哲学は決定論となります。それゆえ神性は何らかの姿で、すなわち親的な姿で、家族の姿で、コミュニティのなかで、あらゆるところでつねに存在します。

しかし、もし正義が存在するならば密かに、あるいは見逃されて正義を避ける可能性もまた存在するに違いありません。このように正義から逃れようとする刺激的なゲームのなかで競争が重なると、それは非行へと追いつめる重圧となります。

乳幼児的状態では、その時点における快楽と苦痛の事象は、将来の目的や目標よりも優先される傾向があります。しかしそれは、将来の、ある夢のなかでの、ある想像される人生目標(goal-living)への固着、あるいはこの今を経験することを妨げる過去を懐古的に理想化する固着により、驚くばかりに覆されるかもしれません。

他方、原理原則で方向づけられた目的は、遥かに小さな影響力しかもたなくなりがちです。御都合主義は、乳幼児的構造ないし、それが作動する組織体の自然な形です。それらは苦痛を回避しようとしますが、著しい悲観主義の影響のもとにおいてのみ、こうした退避が人生の原則(いわゆるニルヴァーナ原則［1］)となります。官能性の肯定的な快楽と成功体験(勝利に等しい成功）は、かくも心地よいものだからです。

貪欲さ、競争での勝利における快楽、官能性のさまざまな要因が結合して、情報や技術への巨大な渇望を作り出しますが、それはゲームにおける捌け口を見出すものであり、知識と能力という大人の状態の欲求とは全く異なるものです。

乳幼児的な認識愛（学ぶことへの異常な知識愛）、すなわちその根源において母親の身体に向けられているものは、母親の身体について学ぶことで満足しますが、それを理解する必要性はありません。名前を覚え、外的世界においてその対象の使い方を会得することですぐに満足しますが、それを維持することに取り組むのは容易ではありません。維持のためには理解が必要です。こうした理由から、その量的なものに関する生まれつきの興味とそのことへの相対的な表面的関心という両方の機能により、収集することへと傾注されます。

乳幼児的状態の愛情と憎悪の側面は、美よりも官能性と結びついているので、おのずと対象を所有することを追求し、その対象を使い果たしたり取り替えたりすることへと傾きがちです。このため欲望が尽きるまでは、対象を断念することには向かいません。抑うつ的感情が強く前面に出てきた場合にのみ、外的世界における欲望の対象をなんとか断念し、内在化に向けた動きを起こします。こうして、大人の構造の質を進展させる段階を整えます。これは苦悩のなかで自身の一部をコンテインすることと同じものであるため、この動きを起こす能力は、苦痛を修正したり、あるいは回避する希望を打ち棄てることと等しいものであり、成長と発達のための能力の中核となります。

結果として、内的な両親と外的な人物像、そして最終的には自己の大人の部分によるモニタリング（参照）とスーパービジョンが絶えず必要となり、こうした動きが相対的に順調な形で起きるようにするために必要です。そうであっても、最善な環境のもとであっても、苦痛に対する乳幼児的反抗は、進展のために循環型様式を生み出します。それは二歩進んで一歩下がるもので、このモデルの用語では、控えめな円周（rather circumferential）というものです。こうした循環性に強く傾くことは、両親像を犠牲にして苦痛から逃れつつも、両親像を愛するという個人の能力が回復することにかかっています（ビオン／Ps⇕D）。

乳幼児的状態についてのこのような一般的特徴をこころに留めつつ、私たちは乳幼児的水準に関する六つの明確な組織体を、多彩な種類の現象学的な記述への応用に容易に役立たせるような形で描き出せるはずでしょう。

モデルの構造は、名目上の両親がその機能を実際に果たしている場合の個人のパーソナリティと家族という組織体、およびコミュニティにおける統合のあいだの自然な連続性を示すように作成されています。これは関係において障害が入り込むレベルを認識するために、あらかじめ非連続性を認識するために適用されるべきものです。たとえ家族にとっての個人、コミュニティにとっての個人、コミュニティにとっての家族、あるいは逆に家族や個人にとってのコミュニティ、もしくは個々のメンバーにとっての家族であれ、です。しかし、このことに関する詳細は後述します。ここでは、図解モデルは活用されることをねらいとしており、説明だけが目的ではないことをこころに留めておいてください。

こころの両性的な乳幼児的状態

こころの両性的な乳幼児的状態は、両親像が存在している場合は、両親像への依存、従順さ、協働によって、また両親像が不在である場合は、競争的な自立によって特徴づけられます。家庭のなかで一人親あるいは二人親のいずれのもとで育つ場合でも、従順、依存、そして協働の関係は、祖父母またはコミュニティに向けて明らかになります。そして、「人形の家」タイプの家族構造のようなものを生み出します。この「人形の家」タイプの家族構造では、記述的、すなわち「道徳的」レベルでの我が家の快適さとコミュニティのなかで「良く」まとまっていることを強調します。

同じパターンが、このこころの状態のなかにいる子どもに引き継がれ、両親が「人形の家」の状態にある場合には競争的態度が隣人に向かうのと同じく、「隣人とうまくやっていく」という側面は両親との競争に当てはまります。

しばしばあからさまな性的満足を伴った、とはいえ、たいていはひそかな性的満足を伴った子ども同士のカップリングは通常のものですが、はみ出し者あるいはひとりっ子の場合は、両方の側面を取り扱うかもしれません。

同性同士の子どもたちは対等な気安さでカップル化するかもしれませんが、子どもたち自身と親たちの双方のなかにある同性愛に対する不安のため、この同性カップリングはより問題をはらんだものになり、そしてより暴虐的関係へとたやすく悪化します。この状態のなかにいる場合には、家族のなかでカップルにはならない子どもは、親戚または近所の子どもとのあいだで、「結婚しているかのような」強力なカップル関係を形成するかもしれません。しかし、また同性の子どもたち同士のカップリングと同様に、ここでも性的行為に対する不安はより激しく、内密にされた不安定な関係をつくりがちです。

複雑な道徳性は内的対象よりも外的対象から多く派生しますが、コミュニティの道徳規範から逸脱しかねない状態にかかわっている道徳性については、こころに留めておくことが重要です。このことに直面して生じる事態は、おそらく家庭のなかに基底的想定の闘争－逃避状態を、突然引き起こすことになります。

同じように、このようなこころの状態にある子どもたちは、外的な両親に投影同一化する状態に強力に置かれているために、その子どもたちの関心や行為は両親の関心や活動と同程度に、身近なコミュニティの関心や行為に対しても同調する傾向があります。子どもたちが成長するにつれて、子どもたちの教育的かつ社会的スキルが両親のそれを超えはじめたとしたら、断絶が生じるかもしれません。このことは、子どもは「良い子（つまり、非行ではない）」であるべきだと強く望む移民グループにおいて見られます。それは特に「成功してほしい」という望みをもつインド人や中央ヨーロッパのユダヤ人たちよりも、英国におけるジャマイカ人たちのなかに見られます。さらに加えて、たとえばアメリカにおけるシチリア人の場合のように、下位コミュニティが上位コミュニティと比べて著しく異なる道徳観や慣習を保持しているところでは、下位コミュニティでよく統合された家庭における子どもは、上位コミュニティに対して、著しく非行的かもしれません。

複数の両親像のあいだに「人形の家」状態が存在しているところでは、子どもたちのなかでカップルとなった共存状態が見て見ぬふりのままにされているのが通常のことになっています。このことは、真実と偽りとの境界をあいまいにするようなやり方で、秘密とプライバシーとのあいだを混乱させていきます。「子どもたちが知らないということは、子どもたちを傷つけない」（という態度）は、特に思春期の子どもには子どもと親とのあいだの性的競合がどちらに対しても壊滅的な結果となるとき、一触即発の対立を招くような自堕落へと追いやってしまいます。そうした思わせぶりやほのめかしによる近親姦的行為は、家庭から子どもたちを未熟な旅立ちへと追い立ててしまいます。

こころの男性的な乳幼児的状態

内的対象が結合された状態に耐えられない場合（一般に、潜伏期にこの状態となります）、強調された性的特質が性格のなかに現われます。これが男性性の場合は、一般的には男児に対する家庭内の態度により強化され、女児にとっては許容されるものです（たとえば、女々しさや同性愛的傾向と簡単には区別できない、男児にとっての女性的な特徴とは対照的に）。

大人の状態における偏った男性性（男らしさ）は女性性（女性らしさ）への畏怖につながる一方で、乳幼児的な男性的状態では、このことは侮蔑と置き換えられます。男性の概念は、生殖器（ペニスと睾丸）よりもペニスという部分対象概念に強く結びついているので、男性の性的能力の概念は身体的な能力、忍耐力、禁欲主義、そして豪胆さと同一視される傾向があります。これらはすべて、競争力という極端なものにつながります。このことは所有的な嫉妬と保護的な嫉妬との境界をあいまいにし、愛する対象とライバルである対象の両方に対する、勇気ある防衛と攻撃的な暴力との混乱にたやすく取って代わられてしまいます。

スキルの獲得は、世界について学ぶことよりも、遥かに興味深いものとなります。情報は、技術的応用と呼応して評価されます。身体のイメージは装備されることによってきわめて容易に増幅されるので、武器や機械への関心が顕著となります。このことは、幼い子どもたちにはおもしろいとみなされますが、思春期が近づくにつれて、家庭あるいはコミュニティのなかに大きな不安を引き起こします。

男児のなかでこのようなことが進展していくと、この状態における名目上の父親は、自分の息子のなかにそのような発達を大いに刺激しますが、女性に対しては脅威を与える所有者であり、幼い競争相手たちにとっては粗野で懲罰的でもあります。けれども通常、男児は父親の背後にもの足りなさやすっかり無性化されてしまっているのを見出しがちであることに対抗して、より神秘的な人物像のなかに自分のヒーローを見つけます。男児たちの姉妹たちに対する所有欲は、主に姉妹たちを保護することや、姉妹たちと他の男児たちとの関係をコントロールすることに役立ちますが、より性的で暴虐的なレベルへとたやすく悪化する可能性があります。

家族を暴虐化しやすい集団と同一化することは、しばしば家族神話を基盤としていますが、もしこうした男性性がコミュニティにより暴力とみなされているならば、家庭のなかに基底的想定の闘争−逃避の動きをたやすく駆り立てます。そして一般的には、「やんちゃ」と「悪い」との区別が、家族の内側と外側の両方で、あやふやに確立されます。

先祖伝来の特徴を伝えるために名字が受け継がれているところでは、実際には家系がはっきりしないとしても、その名字は旗印として受け継がれるかもしれません。また、その反対に名字に何らかの評判の悪いつながりがあると、それは根に持たれるものとして受け継がれます。家族や同族は、こうして概念として互いに変化していく傾向にあります。

破壊的な乳幼児的部分は、このようなこころの状態においては両性愛的状態ほど広範囲には分裂しないので、それ自体の外観をデリラ［2］やキルケー［3］（男らしさをなくしたり男が豚に変わったりする）のように、反対の性の見せかけのなかでそのもの自体を変えて現われる可能性があります。このように女性性は侮蔑されるかもしれない一方で、その魅惑の力は畏怖されもします。両性愛部分から見られるように、イヴを通じて現われるリリス［4］の誘惑はすべての悪の根源として、金銭以上のものとみなされます。対照的に男性的な敵は、その見かけ通りを信頼され、尊敬され称賛されます。

にもかかわらず、その性的傾向は一夫多妻的なものですが、生殖的なものからはかけ離れています。アキレス〔5〕やアガメムノン〔6〕の場合のように、裏取引は、仲間を敵に陥れてゆく確実な方法のひとつです。それは当然、迷信にとらわれたもの、その神は軍神マルスであり、その悪魔はレミア〔7〕のようなもの、または美しいけれど無慈悲な乙女（La Belle Dame sans Merci）〔8〕のようなものです。しかしロマン主義的なキリストの苦悶の流儀で、とりわけマゾヒスティックなやり方で恋に陥ることができます。これは迫害的抑うつ傾向とマゾヒズムの両方により、抑うつ的不安を軽減する能力のある領域です。

こころの女性的な乳幼児状態

少女らしさとは、ほぼ乳幼児の頃からのもので、肉体全体あるいは一部の身体的な美しさへの自惚れを包むと考えられます。それは、赤ん坊、子ども、男性、女性、動物、神々にとって抗し難い魅力の対象である母親の乳房との投影的同一化に背くやり方によって、です。

美しい子どもは通常、幼い少女は特に、ほぼすべての文化において並外れた敬意をもって扱われるので、想定外の要因を除くと、その万能感は外的世界での経験がほとんど反対に遭うことはありません。女性性が支配的なところでは、あまり美しくない子どもたち、少年、少女たちは、この力を身体のある部分——顔、髪、臀部、眼、あるいはこころ——に注ぎ込まねばなりません。

赤ん坊への貪欲さは、アマゾネスのような男勝りの色合いをもちつつ、こころの非行的状態という特質へのとらわれから、よりサディスティックな貪欲さへと次第に変化します。しかし純粋な女性らしさは、現実にせよ想像上にせよ、現在であれ将来であれ、赤ん坊を世話するなかで、穏やかさ、偽りの依存、そして貪欲さを正当化することに屈して折り合っていきます。

こうした傾向における一夫一婦制は、本質的には連れ合いというよりも同僚のようであり、夫婦の子どもが同僚の性的特権で逸脱されないように、赤ん坊がいる少女と親しくなることを現実的に好みます。

経済的な心配がなくなると、成長した少女たちは、ひとたび自分が望んだ人数の子どもを授かれば、夫は不要になったも同然です。夫としての役割は、その気がある人ならば誰にでも自由に委ねられます。息子、兄弟、叔父（伯父）、家庭医、ソーシャルワーカー、勧誘員、肉屋、パン屋などに、です。しかし、その軽薄さは貞節が偽りであることを示し、善良な男性たちや少年たちの仲間のなかで「友人」として終わります。

しかし、女性性が優勢なところにおける少年たちや男性たちは、古代ギリシャ人とは違い、ほとんどの文化のなかで適応が困難です。女性性の優位が、全体的なまたは部分的な美と結びついている場合には、ほとんど避けがたく同性愛的な魅力を引き寄せますが、こころと結びついている場合には、仲間づきあいでも仕事でも「女の子たちのひとり」であるという手段を見出すでしょう。その最も幸せな充足感は、男性的な女性との補足的な愛や交わりを見出したときにおそらく到来します。

快く他者から受け取ることへの積極的な意欲は、賛辞と敬意をもって美化されるので、こころの女性的状態は略奪的であることや寄生的であること――容色の衰え、献身に失敗した自責感でお金を使うこと――に、いつの間にか陥っていく可能性があります。そうした自然な信仰は、聖母マリアからライダー・ハガード（Rider Haggard）［9］の「She」（『洞窟の女王』）のヒロインのあいだのどこかに位置しています。このようにして青春の盛りが色あせてゆくことは、その到来が今や遅しと待たれるのと同じくらい、ひどく恐れられます。このことは「円熟した」魅力を頼みの綱にすることで、修正されるかもしれません。

パーソナリティの破壊的部分と距離を取ることは、おそらく、こころの男性的状態と距離を取ること以上に、成否がかかっています。フラストレーションは、美貌が不十分だったり、女性性そのものが明らかに尊重されない社会秩序（イスラム教文化、ないしアメリカンインディアンにおけるように）の不公平さのもとでの運命の理不尽さにつながる辛苦をたちまちもたらします。そして、女性性のカサンドラ［10］的な側面（凶事を予言する）は、その側面がもつ悲観主義とともに現われるかもしれず、あるいは、より魔女的かつ倒錯的な性愛がそれに続くかもしれません。

いかなるケースにおいても幻覚構造の誘惑は、男性的状態での誘惑よりも、遥かに強力です。それは、妄想的傾向から脱却するまでは、幻覚的な精神病というよりも、躁病へと向かいがちです。

女性的状態の幻覚的傾向は、きわめて直接的に基底的想定ペアリング集団の形成へと向かいますが、そのことはおそらくすべての妊娠の状態とかけ離れてはいないでしょう。このことと対応するのは、幼獣を伴った雌ライオンは自分の幼獣がコミュニティに脅かされたときにはいつでも、基底的想定の闘争－逃避を発動させることができることです。

身体、家、あるいは我が家（home）は、内的または外的に（投影された）母親と同一化した混乱状態にすぐに混同しやすくなるので、人的なものでもその他のものでも、有害なもの、人間あるいはその他のものによる侵入は悪夢です。その一方、母権的な営みのために際限なく保給することや装備をあくことなく追い求めることによる不適切な空間は、母権的な営みに没頭します。

そうした迫害的な不安は、ある種類の、または別の種類の悪いペニスに集中しています。その一方で、その天罰が子どもの死であるならば、その打撃は貪欲さや傲慢な野心に対する懲罰を意味しているがゆえに、それから決して立ち直ることはできないと感じられるものです。他の少女－女性だけがこの恐ろしさを理解することができると感じる強い傾向があり、ゆえに配偶者に対し情け容赦のない憤りの障壁を形成します。子どもへの所有欲は、こうした憤りより正当化され、「すべての男性が望んでいるのはセックスだ」という典型的な態度へとエスカレートします。

投影同一化の結果として起きる偽－成熟より、女性的な乳幼児的状態は子どもにきわめて密着していると感じ、過保護で甘やかしに向かいやすく、不安にかかわると二人組精神病（folie à deux）へと入り込みます。「私はまさに子どもと同じだった」は、「そして私が今こんなに元気なのを見てよ」を意味しています。子どもたちのメンタルヘルスに関する誤ったこと（養育での指摘される問題を含みます）をすべて認識する難しさは身体的病気をみることやコミュニティからの最善の医療的ケアを求める準備をすることによってのみ、克服されます。犯しうる最大の罪はネグレクトであり、そのため子どもたちのすべての身体的機能が注意深くチェックされねばなりません。

こころの少女－ギャング状態

パーソナリティの悪い乳幼児的部分と良い部分を区別する分断状態を保つためには、内的な両親対象あるいは外的世界における転移表象によるモニタリングが絶えず必要です。そのため、注意力が抜け落ちることや、そこから分離した状態は、こうした区別を崩壊させがちになります。

実際にパーソナリティの破壊的部分は、子どもたちにリーダーシップを目指そうとさせる傾向があり、人物の特徴としては、しっかり者のお兄さんやしっかり者のお姉さん像として特徴的に振る舞います。良い対象との競争は、ママよりもっといいママである少女的な状態において形成されたのかもしれません。しかし、少女－ギャング状態においては、競争というよりもさらに過激で持続的なものに近くなります。

事実、パーソナリティの破壊的部分は両親的な良い対象に対して決定的な憎悪の状態にあり、こころのなかで親的な良い対象の力を完全に破壊することを願望します。しかし、この反乱は、悪を善として構築するためではありません。その目的は、乳幼児的な官能性と貪欲さを満足させることを妨げようとする、あらゆる両親からの禁止を平等主義という名のもとで取り除くことにあります。

少女－ギャング状態は、独占にまつわる母親への恨みよりも、性にまつわる偽善性で父親に対して、より深い恨みを抱いています。このことは、その反－男性性的、すなわちアマゾネスのような男勝りの特質を助長します。母性的制約からの解放、父親に対する復讐、および兄弟を痛めつけ苦しめることがそのエートス（精神的特質）となります。女性性についての劣等神話は強固に否定されていますが、少数の人はその強固な否定ゆえに、むしろより主張しているように見えます。問題は身体的な強健さに対するなかなか消えない畏敬の念、大きなペニスへの畏怖と高揚、および、その結果としての被虐的な嗜好のなかにあるように思われます。しかし狡猾さと強さ、忍耐とあいまいさ、とりわけ魅力は、より強力な武器です。男はすべて少年として、たやすく退化させられ、そして性的不能状態になるとみなされます。

かくして少女－ギャング状態は、結託した女性たちと去勢された少年たちが結託した偽－家族を構築しようとします。それはたちまち、フェミニズム的な基底的想定の闘争－逃避の状態に陥ります。その状態においては、正当化された憤慨、考え方を改めさせること、歴史的に憤慨を記した文書のファイルを収集することで充満しています。潔癖さとしつけは、その家族の一員が被虐愛的な服従と父親像転移へ変節するのを阻むために必要な防波堤となります。しかし略奪的な目的に対する欲求不満は、王女メーデイア（Medea）〔11〕のような、躁うつ病的な性質の激怒と破綻へと陥らせるかもしれません。その特徴的な絶頂期は思春期ですが、人生後期では母権的な祖母たちのなかで、静かでより控え目な頂点を迎えます。

こころの「男児（男の子）」状態

歴史の大半は、少なくとも政治および経済の歴史は、こころの男児状態が組織的に顕在化した観点から書かれました。歴史の「壮大な」動きは、基底的想定レベルで動きますが、政治、ビジネス、セックス、そして娯楽の日々の活動は、「男児」により営まれる傾向があります。

学校の校庭は、下院と同じくらい社会学的研究の現場を担っています。いじめとえこひいきがその行動様式であり、母なるもの（母なる大地とその娘たち）の豊穣さを略奪することが、その目的です。こうした考えは決して意図されてはいないので、目的のために他の人の考えを著しく搾取しているとは、考えることができません。その大いなる敵は派閥であり、領袖《りょうしゅう》により支配された超ｰ家庭を構築しつつ、つねに良き友人と保護者を装っています。

こころの「男児」の状態の男性性の基準では、女性は明らかに劣っているので、女性は保護されるべきものであるのは明らかです。すなわち女性は男性が望むように使われ、女性が性的魅力のある存在ではなくなれば、奉仕するものとして格下げされます。無意識的には、この状態は男性が子どもをもうけて、女性は単に子どもに尽くすにすぎない（最も聡明であったはずのギリシャ人でさえ、そう信じていたように）、ということになんら疑いをもちません。そのため子どもは必然的に親の所有物であり、親の自己が際限なく延長したものであり、実際に親の自己の不滅なるものです。

この王朝支配の傾向はおそらく、戦争の狂気どころか基底的想定の集団化をさらに助長するでしょう。

それは勝利することが重要なのであり、力が正しいかどうかを熟考する必要はありません。敗者は、弱虫か愚か者のいずれかであり、はなはだしい愚か者は、骨折り損の子どものために際限のない犠牲を払うママやパパのように、みずから進んで「敗者」になります。

しかし、どういうわけか、このような引きつける力は、好戦的な階層を衰退させつづけます。こうした離脱は理解しがたいものです。それは、きわめて自明の理である量的基準で取り組んでいるものですが、一方で、親は立証はおろか明文化されていないあいまいな根拠から、非科学的に取り組んでいるように見えるのです。

長く続く賞賛の獲得に失敗したときの失意は、自己満足をエスカレートさせ、その根底にある迫害妄想を伴って、誇大妄想へと滑り落ちてゆきます。かくしてパーソナリティの統合失調症的部分は、このこころの状態が外側の世界のなかで「うまくいっている」ときに茫漠としているのではなく、個人のパーソナリティ組織体のなかで、その優位性を強化するためにこのことを活用します。お金、権力、そして名声は、他者の関心、好意、あるいは協力への信頼をひどく蝕むものであるため、少年たち－ギャングのリーダーはつねに下克上を怖れ、次から次へと補佐役にしがみつきながら、はなはだ情け容赦ない孤立のなかに追い込まれていきます。

こころの逆転状態あるいは倒錯状態

知性がパーソナリティの破壊的部分に偏って占められている場合、あるいは、知性の力が名目上の親あるいは外的世界で力強く成長した人物の破壊的側面と結託した関係でより強化されてきている場合は、価値が反転された状態のなかで、こころの状態が確立される可能性があります。

悪魔的な宗教と等価なものが個人のなかで生じる傾向があり、性的領域のなかで倒錯へ、社会のなかでサド－マゾ主義へ、また霊的なもののなかでの幻覚へと踏み外すことは精神病的な策略との繊細なバランスのなかで留まっています。悪魔的な側面は、良い対象との競争でその修羅場をつねに構築しようとする一方で、精神病質者は、親と子どものための善性と真実さの領域のなかに心もとなさを抱えている信頼と連結することに対して攻撃することに満足します。

扇動者も背教者もいずれも嘘つきです。扇動者は子どもたちの手に負えなさを組織化して自らのカリスマ性を発揮し、背教者は子どもたちを失望させ、幻滅を感じさせ、絶望と罪悪感の念の状態に追いつめるべく芝居がかった才能を活用します。扇動者の誇大性は、天国で仕えるより地獄で統治しようとするものですが、それは単なる背教者の裏返しにすぎません。妄想であり、妄想が投影された人です。

「もっと良いママ－少女」あるいは「もっと良いパパ－少年」の偽－成熟に見られる誇大性が、基底的想定ペアリング・グループのなかにおさまり、そのエートス（精神的特質）が「私に逆らわない者が私の味方だ」という場合、反転した状態の基底的想定の傾向は明らかに妄想です。すなわち「私に賛成しない者は私に刃向かう者だ」ということです。

それはコミュニティと犯罪的な関係にある家族を形成するかもしれませんが、そうした家族は同族同士を好みます。それは外観においてであれスローガンにおいてであれ、最もどぎつい旗印のもとで暴虐を冷笑的に偽装しながら、組織体のエートス（精神的特質）や目的を倒錯することをねらいとして、あらゆる組織体に侵入する傾向があります。

エリート主義、特権主義、怠惰、そして解き放たれた官能性は、良い対象により広められた厳格で（喜びがないように見える）責任を負う世界から子どもたちを誘い出すという誘惑です。そのように築かれている世界は、その世界の追従者の底流にある不信感と、そうした誘惑にそそのかされた罪悪感に苛まれることにより、必ずや崩壊します。その悪夢は従属者の反乱であり、その政策は最終的には大量殺戮的――そして自己破壊的です。人生に対する侮りは、究極的には自殺です。

◆注

［1］〔訳注〕死の本能を作動させる原理。人間的欲望を絶つことによって、平安と幸福が得られるとされる。

［2］〔訳注〕デリラ（Delilah）。愛人サムソンを裏切りペリシテ人に売り渡した女性、ここから転じ誘惑して裏切る女、艶婦の比喩として引用される。サン＝サーンス（Saint-Saëns）のオペラ「サムソンとデリラ」で有名である。

［3］〔訳注〕キルケー（Circe）。ギリシャの詩人ホメロス（Homerus）の「イリアスとオデッセイア」に登場する魔女。オデッセイアを自分の島に引きとめ部下たちを豚に変えた。転じて妖婦のこと。

［4］〔訳注〕イヴがつくられる以前のアダムの最初の妻。魔物の母と言われる。

［5］〔訳注〕ギリシャ神話に登場するアキレス。トロイ戦争でのギリシャ軍の英雄。母親は赤ん坊のアキレスを不死身の体にしようと川に浸したが、つかんだ踵だけが川に浸らなかった。のちに唯一の弱点である踵をパリスに射られて死んだ。

［6］〔訳注〕トロイ戦争から凱旋するが、妃と情人により殺害される。

［7］〔訳注〕レイミアとも表記される。ローマ神話に出てくる魔女。ヘルメスにより蛇から美女に姿を変えられ、コリントの若者と恋に落ちた魔女ラミアが、婚礼の席で正体を見破られて姿を消し、若者は悲しみのあまり死んでしまった。

［8］〔訳注〕ジョン・キーツの詩。美しい乙女が実は魔物の化身であり、美しさを餌に旅人をかどわかしてしまうという内容が主題である。

［9］〔訳注〕ライダー・ハガード（一八五六－一九二五）。英国の小説家。代表作は『ソロモン王の洞窟』。

［10］〔訳注〕カサンドラ（Cassandra）。ギリシャ神話に出てくる凶事の預言者。予言の能力があり、トロイの滅亡を予言したが無視された。

［11］〔訳注〕ギリシャ神話。イアソンを助けて金の羊毛を手に入れさせ、イアソンの仇敵ペリアスを謀殺してイアソンとともにコリントに逃れる。その後、メーデイアを棄ててコリントス王クレオンの娘との結婚をもくろむイアソンと、彼女とその子らを追放したクレオンに対してメーデイアの復讐が行われた。

第7章 モデルの活用法

すでに言及してきたように、このモデルは活用されるためのものです。しかし、包括的な精神分析的モデルの最初の試みであり、活用にあたり修正が求められるに違いありません。さらに、制限のない敷衍化、細分化、精緻化へと向かうに違いありません。

私たちは、活用法の多様なカテゴリーを説明したいと思います。それは手引書としてではなく、可能性を例示する目的に特化して組み立てられています。私たちは、これら活用法のカテゴリーを、おおよそ方法論的な活用法、診断的な活用法、治療的な活用法の三つに区分することとします。

方法論的な活用

このモデルをつくるうえでの最も重要な目的は、人間の行動や心的状態について異なる観点と異なるメソッドによる観察を合理化する手段を提供することにあります。そのため、ある特定の分野に関心をもつ研究者たちは、自らの課題を特定の分野の定義のなかに位置づけることができるはずです。そうすることにより、研究の他の領域や他のメソッドのどのようなものが、研究者たちの研究結果から啓発され、彼らを助けている発見に寄与していたのかがわかります。課題をモデルの諸次元のなかに正確に位置づけることにより、研究者たちが問題の本質に向けて援用したいメソッドの妥当性を判断する助けとなるに違いありません。

観察と解釈を区別すること、可能な限り先入観から離れた記述の言葉を見出すこと、あるいは少なくとも先入観の範囲を限局することは、特に研究者たちが研究デザインにおいて同語反復や省略語法の手順を回避するのを助けます。それは、研究者たちに思考への厳格さを課すものです。この厳格さによって、連結を示唆する相関性と、連結そのものの説明を可能にするある種のデータとを、研究者は区別できるようになります。

特にそれは、研究者たちが出会う問題に気づき、そうすることで有益なリサーチ・クエスチョンを発せられるようになり、研究者たちの役に立つはずです。換言すれば、このモデルには、人間科学における実りある研究を左右するような思考の演繹的様式と帰納的様式のあいだの動きを促進することが期待されます。

診断的な活用法

このモデルは、コミュニティ・家族のなかの子どもに生じるかもしれない関係性を示した、一種のフローチャートであるため、調査によって見出された実際の構造と相互作用の過程の図解を可能にするに違いありません。

このモデルの発生学的次元は、一連の観察の相関を考慮に入れています。しかしその一方で、ある関係性のシステムに存在する異なる成員の横断的なプロフィールは、最も意義深い方法であり、連続性と非連続性の配置を考慮に入れるべきです。

モデルはそれ自体、疾病分類学的なシステムです。しかし、モデルが他のシステムを除外すべきではないどころか、むしろモデルの全体構造の内部に他のシステムをすすんで包含することもできるということを基本に構築されています。

たとえば、精神医学で用いられる医学的分類の症候群のタイプを見てみましょう。このモデルにおいて、そのカテゴリーの多くの配置がすぐにわかります。一方、他のカテゴリーを配置する難しさは、研究に適用される構造に関わる不確実な領域を定義するのに役立つでしょう。

このモデルは、関係性や相互作用に関する親密な領域と内的な領域だけではなく、一時的および契約的な領域の定義をも考慮するため、社会的かつ人類学的な分類に関するあらゆる水準を包含できます。

コミュニティにおける家族のなかの子どものモデルと言われますが、家族とその子どものコミュニティのモデル、または、コミュニティなかの家族とその子どものモデルと言われてもよいものです。三つすべての水準における安定や停滞に関する研究に対してのみならず、変化や移動に関する研究についても、このモデルが役に立つはずです。このモデルは、通常の研究者たちが、詩情とまではいかなくても、視野と精密さを伴いつつ、これまではトルストイ（Tolstoy）やジョージ・エリオット（George Eliot）だけがやり遂げてきた複雑さの水準で、さまざまな過程を描写するのに役立つに違いありません。

治療的な活用法

このモデルには横断的次元と縦断的次元の両方があるため、治療のさまざまな形態における患者の発達をたどるのに活用され、かつ多様な種類の治療に同時にかかわり、密接に関連している人たちの相互作用を追跡するのにも活用されるべきです。

このモデルによって、個人の発達で達成されたもの、治療そのものの影響、および人生におけるその他の有益あるいは有害な人間関係や出来事による影響を治療者が区別できるようになります。

またこのモデルは、さまざまな問題に適用される多様な治療方法を比較する手段を提供して、治療技法のさらなる合理的な指針とコミュニティ資源のさらなる経済的な活用を促進できるようになります。

家族の教育機能に対するこのモデル独自の（具体的な）活用法

これはひとつのモデルであることを意図したもので、理論ではありませんが、理論的な背景があります。この背景は、説明的というよりむしろ記述的であることが意図され、一般には生きることの経験、特に面接室での精神分析的経験にもとづいています。いわば、あらゆる可能性のある知的探究の余地があるため、この（モデルの図の）横断面の一二時という位置から見るならば［1］、モデルがうべなう価値体系や世界観を隠すことはできません。

しかし、人生というものは当然、単に完璧をめざす上り坂――すなわち神性との神秘的結合、または純粋なプラトン哲学の経験――のみに支配されているのではありません。教育は性格のみにかかわるのではなく、技術、情報、社会的習慣、態度、価値を伝えるものでもあるべきです。教育は内的な資質の獲得を促進することに満足するのではなく、外的な資質を授けたり自制させたりもせねばなりません。

いかなる教育システムも暴虐的に経験させられることと同様に、暴虐的であることを完全に回避することはできません。教育システムは授与することと自制させることにより、報酬や罰を与え、エリート階層と権利が剥奪された階層をつくり、すでに存在している搾取を、何らかの度合いで永続させているように見せているのでしょう。とりわけ知識の蓄積と制度化は、敵意からではないにせよ、その後に来る全くの怠惰から、実際には真に新しいアイディアのすべてに抵抗する保守的な擁護者を作り出しています。

新たなアイディアは実験的な活動とたやすく混同されるので、実験的な活動は急進的な運動のシミュレーションとして活発になるかもしれません。公的システムの硬直化が大量のガラクタを作り出すと、その次には詐欺（不正）や腐敗の領域が増加します。かくして新たなアイディアの革命的な表現と、旧式なアイディアをマスターできない不満分子の反乱から区別するという難問は、すべて教育システムの一部であり、それはあらゆる有機体と同じく、成長か衰退かのいずれでしかありえません。

このモデルを家族の教育的機能に関する特有な問題に適用することは、家族を**教育機関**としてとらえるためにこのモデルを活用することである、と私たちは提案します。

このモデルには、学ぶことの六つのタイプ〔2〕、家族の六つのタイプ、個人のなかにあるところの6＋1（統合失調症的）の状態、学ぶことが行為に置き換えられる基底的想定グループの三つのタイプ、およびコミュニティが家族とその成員に向けて示しているように見える指向性の六つのタイプがあります。モデルは心的機能の六つの次元を表象しており、その心的機能は力動的揺らぎにおけるあらゆるもの、すなわち、そこで形成されるさまざまな水準の相互作用と構造からなるものです。

言うまでもなく、ハチドリに翼があることを確信するために高速度撮影カメラを実際に持つ必要はありません。人生とは瞬間から瞬間を生きるものだということは、誰もが確かに知っていますが、それについて考えることは非常に難しいのです。そのためには、映画撮影用カメラからヒントを得て、裸眼のまま生命の閃光を凝視することで誘発される眩暈《めまい》を回避するために、連続して並べられた個々の静止画像（各断面）で、自らを満足させねばなりません。

静止した断面画像はひとつの動向を示しますが、一方で、その忍耐強さは固着（膠着）を意味します。それは発達の停止と、今にも起きそうな退行と同等です。モデルをこの方法で活用することにより、私たちは真の**工程展望図**を獲得することができます。

この工程展望図は、モデルを三次元的で見れば気がつく何かを、工程展望図のなかに構築します。その何かとは、実際には人生の四次元図です。モデル図における左から右への動き、すなわち過去から未来への動きは、やがてほぼ確実に螺旋状の前進モードになるという意味に気づくでしょう。

これは、あるイメージにより明確となるであろう、ひとつの意味合いをもたらします。もしあなたが若馬を仲間のもう一頭の馬が見えるフィールドで長い手綱を使って調教しているとして、二頭が最も接近した円弧上では、若馬はもう一頭を率いるべく、非常に穏やかに歩を進めるでしょう。けれども二頭が最も遠い円弧上にいれば、駆け出し、または速歩へと急転するでしょう。私たちのモデルの観点では、教授法の技術はこれと比べることができるかもしれません。すなわち、個人がよりかき乱される過程や、反社会的な過程の円弧上にあるならば急いで駆け抜け、より心地よい局面ではのんびり歩を進めるという情緒的状況の地理を整理します。

モデルの作成者としての私たちの仕事は、ここで終えてよいでしょう。このモデルの建築学と美学についての責任は私たちが負うべきです。しかし、その実施技術（エンジニアリング）はモデルを実践してみようと望む人々から発案されねばなりません。

◆注

［1］〔訳注〕目次後にあるモデルの横断図を一八〇度の角度で見ればということを意味している。

［2］〔訳注〕原文では七つとあるが、原文第1章では、五プラス一の六つのタイプである。

補遺Ⅰ

モデル、家庭そして学校

メグ・ハリス・ウィリアムズ

このモデルは、従来は生まれと育ちのバランス（均衡）として知られてきた個人と環境（人間および社会的環境のいずれも）の相互作用と考えられる教育的経験について、より全人的な見解を提言するために精神分析的な洞察を活用しようとする先験的な試みです。モデルは、教育機関としての家庭という概念に焦点を当てています。それは公的ではない教育機関としての家庭であり、子どもが公教育を受けるコミュニティ、すなわち学校と区別する意味とコミュニティと対応する意味があります。

学校についての観点はここでは論じるに留まっていますが、構造的には重要です。たとえばマルチナ・キャンパート（Martina Campart）〔1〕は、ルンド大学〔2〕における教員養成の取り組みにおいて、「結合対象」（メルツァーにより用いられたように）というクライン派の概念を、教師の職務を説明するために適用する形でモデルの活用法を開発しました。教師の職務は安心感と協調よりも、「関心と触発」の役割を強調しつつ「献身と挑戦」の母性的機能と父性的機能を結び合わせることにあります。

学ぶことについて学生が求められるものが感謝だけにかかわるのではないように、世話することや教えることにかかわる人間の行為も、献身だけにかかわってはいません。それゆえ教師と学生にとって、不適切感、無力感、混乱、羨望、貪欲、悲しみ、そして罪悪感というような不快な感覚を伴いつつ、互いが対決してしまうのは当然です。私たちの思考構造の対話の起源より、そうした感覚は教育学的な関係性において起こりうるものであり、また実際に起こります。

（Campart, 1996, pp.46-47）

学校は、家族の一員としての子どもとコミュニティの一員としての子どもとをつなぐ最初の媒介者です。子どもにとって学校は、家庭の状況が教育的な機能があるように、家庭の組織体の機能と重なる心理学的な機能があります。そこで、より広範なコミュニティという専門化された特性をもつ学校が、いかにして家庭の価値観に応えるか（あるいは、それに反駁するか）をさらに十分に検討することが役立つでしょう。

学校の役割と家庭の役割は、調和的にも不調和的にも相互に作用し合い、ある程度は一時的に入れ換わることができます。子どものパーソナリティの発達を助ける手段として、世界「について学ぶ」ことを活用することができ、気持ちを鼓舞する教師と、「人間、そして動物や植物」（本書p.39）という世界のすべての「赤ん坊たち」への現実的な関心を示すことにより、愛、希望などを徐々に注ぎ込む「カップル」両親とのあいだには、有機的な連結があります。そして、このような子どもと親の関係性、および子どもと教師の関係性のいずれも、心理療法士（psychotherapist）とその患者である大人のなかの子ども（the child-within-the-adult）の関係性と似ています。精神分析は本質的には、「内的対象同士の会話」だからです。

メルツァー（孤高でした）は、公教育に対してどちらかと言えば両価的でした。それは次の記述の通りです。

> **世界について学ぶこと**は、教師の動機にその起源があります。その方法は本質的にはアメと鞭という動物訓練であり……動物訓練の方法による達成は人に深い修正をもたらすことはなく、環境の要請に適応するために社会的なペルソナを装うものであり、究極的な到達点や倫理的な原則にはほとんど結びついていません。（本書pp.33-34）

学校というコミュニティに関するこの「悲劇的な」見解は、他の箇所では触発する人物像として描かれている教師の姿とは対照的です。実際、メルツァーは、大人の精神的構造を定義しているのは「教師やメンター」との「向上心」にもとづく同一化であり、すなわち「結合対象との同一化は、こころが創造的に機能するための前提条件となります」（本書p.39）と述べています。

二人の著者は共に、実際には、「（何か）について学ぶこと」は「経験から学ぶこと」を奨励するようにしてなされるものであり、それは必ずしも世間が求めることに自動的に順応することではないとしています。その意味するものは、当てはまるその人次第であり、学校の価値観次第でもあります。学校は、子どもが両親の家庭の価値観を強化するか、あるいは子どもが現実の家庭のなかにある、過度に男性的、過度に女性的、またはギャングのような特性を修正するという機会を経験する場所なのです。

一九六〇年代の末に、マーサ・ハリスは、子どもとの関係に関する両親のための一連の著書を執筆し、同時期にはタヴィストックにおけるスクールカウンセラー課程の設立として結実した先駆的なカウンセリング・プロジェクトに、ローランド・ハリスと共同で取り組みました。彼女は、このモデルが委託される前には、教師、カウンセラーおよびセラピストの役割についても、それらの役割における違いと重なるところについての調査を目的として執筆しました（Harris, 1972）〔3〕。それはこのモデルが「教育」の概念をさらに考察するために光を当てるものであり、特に家庭と内的世界に関する子どもの学校世界との文脈において、教育がどのように認識されるかを明らかにするでしょう。なぜならこれらの領域にまたがる経験が、モデルの背景を構成しているからです。

はじめに、私はタヴィストックにおける一九六八年のスクールカウンセラー課程の発足にあたり、ローランド・ハリスによる就任講義（補遺Ⅱを参照）のなかから数節を引用します。講義名は「カウンセラーとしての学校」です。そこでは、学校という環境において子どもに影響を与えると思われる全ての事柄を最大限に広く理解するなかで、子どもの教育を遂行するカリキュラムについての全人的な概要を講義しています。

カリキュラムのなかで、学校全体が子どもという存在全体に影響を及ぼすように、すべてが関連して作用しているという認識が高まっています。いまだに、カウンセリングは本質的には治療的なものであり、事態が悪化したときにのみ行われると考える傾向が広く強固に行きわたっています。大学の教育課程の部門に分かれた専門主義は、今なお知的成長から社会的成長を切り離すことを助長しています。そして、もし学校自体の部門が互いに分離したままならば、多くの援助機関が相互に、そして学校からも分離したままとなります。これをなぜ強調する必要があるかというと、学校こそがカウンセリングの中核となる組織体であり、教師がそのプロセスで中心的な役割を担うからなのです。それはカウンセラーという名前で働くにせよ、寮の舎監、学年主任、学級担任、教科担任、いかなる職名であれカウンセラーです。

（本書 pp.164-165）

カウンセリングは、教えることや養育のように「根本的な過程であり、単なる付加的な過程ではなく」、すべての学校の活動において機能するものです。それは教え導くというよりも、焦点を当て、分析することでなければなりません。それが、教えるということの本質を表しています。しかし個人としての教師の役割を超えて、学校がもつコミュニティとしての役割のなかで学校それ自体が「カウンセラー」として考えることが必要であり、そうでなければ専門家としてのカウンセラーの存在は効果的ではないとマーサ・ハリスは述べています。このことは、学校が、学校みずからの価値観を検証することにかかわらせます。そこでは建前の価値観や教育目的ではなく、普及して効力を発揮している（実際の）の価値観は何かということを判断するための慎重な調査を行うことが含まれます。この効力を発揮している価値観は、子どもたちが無意識的に吸収し、反応するものです。モデルでは、どのようなことが起きると意図されるかではなく、何が実際に起きているかに焦点を当てます。養育においては「二重思考」という重大な問題があります。それは、説教されたことを実践しない、ということです。価値観は、方法を規定します。そして、価値観の実践を客観的な目で検証することは「つねに何らか衝撃的なもの」であり、「目を閉じた後に、鏡のなかの自分がどのように見えるかを見る」のようなものです。学校が教育実践について精度の高い観察と分析をすることを通じて、学校そのものが内在しているカウンセリングの役割に注意を払わなければ、学校がカウンセラーを雇うことに全く意味はありません。

したがって定義されたカリキュラムは、単なる正規教育プログラムではありません。それは次の通りです。

すべては学校のなかで子どもの身に起こることについて予想されているからです。カリキュラムには包摂性と相互作用があり、このことが最も重要です。私たちが子どもをしつけるとき、私たちの指示に従うように子どもを条件づけます。私たちが子どもに正しく書くようにと教えるのは、スキルとしてだけではなく、いわば子ども自身の自己尊重と、社会的圧力やニーズの調節のためです。私たちが歴史上の事実を教えるのは、それが単なる事実だからではなく、社会的および政治的システムを超えた一員としてよりよく機能するためだからです。私たちが子どもの個人的な悩みに注意を向けるのは、人間的な共感からだけではなく、教師として教育プログラムを効果的なものにしたいという望みゆえなのです。つまり、子どもたちが個人的な危機を解決して、より効果的に学べるようにと望んでいるからなのです。カウンセリングは、教育的**かつ**職業的**かつ**個人的なものだと、これまで言われてきました。

（本書pp.163-164）

「子どもに起きていることは何ごとも」は、良き行動や試験に合格するのに必要な道具と並び、本質的な情緒的な側面をも含んでいます。アメとムチの要素は、学校生活にとって避けがたい部分かもしれません。しかし教師は、「条件づけ」方式から、教育プログラムを「成果があるように」するような教育方法に切り替えられるようにするべきです。なぜなら、この教育方法は子どもに全存在としてかかわり、子どもの社会との関係に影響を与えるからです。これは、「(何か)について学ぶこと」と「経験から学ぶこと」とが交わるところです。「教育の目的は、たとえそれが最も自動的なものであっても、つねに価値観の表明なのです」とローランド・ハリスは述べています。教育システムは、子どもが単に「条件づけられる」のではなく、「教育を受けている」状態となっているときにのみ、成果を考えることができます。これは教師の目的であり、子どもの幸福な状態(ウェルビーイング)の源泉であるに留まらず、教師自身の幸福な状態(ウェルビーイング)の源泉でもあるのです。

能力を導き出すこと[4]とは、準備期間である子どもから潜在的大人を引き出すことを意味します。これは、結合対象の大人の価値観(社会のために働くこと、または社会に関心を寄せること)に対する信頼を確立することを意味します。なぜならモデルでは、こころの大人の状態においては「あらゆる活動が働くこと」だからです。精神分析では最早期の乳児のなかにも大人の部分が存在すると認識し、そして大人は子どものように果てしない成長はしませんが、大人の精神性と乳幼児の精神性のあいだの絶え間ない揺らぎのなかで、Ps⇔D(妄想・分裂ポジションと抑うつポジションの激しいせめぎ合い)により力を得ながら、「(何かに)なりつつある」という持続的な状態のなかにいると認識します。「教育を受けた」人は、不安にさせる環境に対する反応で絶え間なく起きる乳幼児的な揺らぎと退行的な力動に直面したとしても、大人の自己を回復することができるでしょう。ビオンは、優れた知性をもつことが必要なのではないと述べています。必要なことは、「苦難にある」ときに自分の知性を活用できることなのです。マーサ・ハリスは十代の子どもの親のための著書で、人生においては外的な戦いと同じく「内的な戦い」でもあると、述べています（Harris, 2007, p.193）。

教育の究極的な到達点は、十代の子どもの中心的な課題と全く同じです。すなわち、「アイデンティティ」を見つけることとです（Harris, 2007, p.193）。それは孤立状態で起きるものではなく、家庭、学校、より広範な世界というあらゆるタイプの環境のなかで、人間関係、自然、事実という外的世界との現実的な出会いとの関係において起こります。それは、学業、スポーツ、音楽、および演劇あるいは趣味といった子どもの生活の一部という、どのような文脈においても起こります。これらのいずれもが、「空想（ファンタジー）の劇場」となります。「遊びは子どもの仕事」です。そして「自由で創造的な遊びが三歳から六、七歳の子どもにとって重要であるように、考え《アイディア》を抱いて遊ぶことは、思春期の子どもにとって重要です」（2007, p.246）。考え《アイディア》を抱いて遊ぶための、多くの場があります。すなわち、家庭、学校、正課授業、さらには「噂話」です。議論したり意見を戦わせるなかで、親（あるいは教師）は、子どもの自己の多面的な姿の代わりを務めることを求められるようになると知るべきです。

子どもの親に対する意見の対立や反抗の多くは、実際には子ども自身に対する議論なのです。そして、子どもも親も気づいていないかもしれませんが、子どもはたいてい、より正気でより合理的な自己が支えられることを実際には望んでいます。子どもは、他者への配慮や親をかわし自分を見下すようにそそのかすような発言に立ち向かっていける議論を親に探し求めています。

(Harris, 2007, p.114)

しかし、親の役割を担うことは、ただの見せかけではありません。それは、私たち親自身の意見を修正する真の可能性があり、そして「私たちの判断力を曇りのない目で見直すように私たち自身が触発される」(p.35) ことを身をもって示すということがない限り、成果をあげるものではありません。「私たちにとっても話題は大切なものでなければならず、そして教育は自ずと後からついてくるのです」(p.155)。両親がある問題について、「正しい」、あるいは洗練された意見をもっているか否かは、問題ではありません。なぜなら、子どもは親が言っていることよりも、その意味していることに影響されるからです。「私たちは、適度に幅広く寛容な見解と、忍耐強さを伴った断固たる意見を保つでしょう」(p.154)。

親の信条(「家族神話」)がいかなるものであれ、親の真の機能は答えを示すことではなく、「分別が働くことのできる空間」(p.166) を提供することです。「カップル家族」の規範は、学校のカウンセリングの役割のなかの自己参照(セルフモニタリング)を必要としていることを学校において反映しているでしょう。

学校と家庭、いずれも教育機関としての実践は、説教をすることではなく、考えることです。こころの大人の状態が優勢であるように保つことは、親を含めたすべての成員にとって闘いです。特にそれは、「責任感があり思慮深い若い成人が、ある日突然に無分別な乳児になってしまう」(p.193) ときや、思春期の怒濤に密接に同一化するときにおいてです。親は、子どもの自己認識の高まりを通して、成長と発達を望む子ども自身の一部と手を結べるように子どもを助けることができます。

このモデルでは、偏った家母長的(母権的)あるいは家父長的(父権的)な家族は、倫理観(コールリッジ(Coleridge)[5]の「最大」対「理想」)を進化させるというよりも、子どもに教義を押しつけがちです。教義は、コミュニティに対する親の女性・寄生的、あるいは男性・暴虐的な要求に関係しています。教師・カウンセラーが、単に共感的な傾聴を提供したり(過度に「女性性」)、あるいは耳触りのよいことを説き聞かせたりする(過度に「男性性」)のではなくて、「成果をあげたい」という願いにより動機づけられる必要があるように、親は自己陶冶のニーズを認識する必要があります。もっともらしい自己犠牲は、乳幼児的な組織体の特徴であり、暴虐的で寄生的です。

マーサ・ハリスは、「親として自分自身を生き生きとしつづけることにより」、「私たちは子どものためになることを育みつづけるのを助け、役立ちます」と示唆しています(p.88)。成果が出るには、親は自分が選んだ基底的想定に入り込むのではなく、「生き生きとして」いることが必要です。親のモデルは、「親の活力は子ども次第」ではなく、子どもは「親の活力を自分を発達させる基礎として活用する」ことができます（p.213）。

私たち大人の多くがそうであるように学びを諦めてしまっていることは、若い学び手にとって、こころが奮い立つ模範にはなりません。また、私たちが子どもに伝えること以外には決して使うことのない知識を膨大にもっていることも同じく、若い学び手を落胆させます。

（Harris, 2007, p.149）

子どもは、算数の宿題をよりうまく済ませるという意味においてのみならず、倫理的な意味においても、現実には親（あるいは実際の教師）より多くの知識を獲得するかもしれません。モデルにおいては、問題は子どもの非行的部分ではなく、子どもの進歩的な部分や大人の部分によって家族のなかに「断絶」が引き起こされるということをここでは述べておきます。このことは、厳格な民族的で階級的拘束性が強く、またはイデオロギー的なコミュニティ（「人形の家」的な家族）におけるように、行動パターン（投影同一化）を通して互いが硬直的に結びついた家族のなかで生じるかもしれません。しかし、一般的には、成人期へのアンチテーゼ（対抗主張）、すなわちギャング的メンタリティのようなものへと最も退行しがちなのは、「子どもの時期に子どもであることに折り合いをつけることに失敗してきた人たち」です（Harris, 2007, p.136）。そうした人たちは、自己認識の手立てもなく、しっかり確立された内的対象もないからです。両親、教師、あるいは精神分析家として、私たちは子どもを保護するか、あるいは制御するかのいずれの場合でも、子どもの生来の潜在可能性の発達を助けているのか、あるいは実際には子どもを「私たちに帰属するもの」として子どもを世話しているのかを問わねばなりません。

子どもが財貨（成功）をもたらす場合には彼は愛されるが、そうでなければ、蔑ろにされるという商業的取引のなかに絡め取られることを、子どもは望んでいません。

（Harris, 2007, p.85）

成功のための脅しとすかしの手法は「有益」ではなく、失敗への言い逃れにも、成功することはさほどのことではないと装うことにも役立ちません。いずれも親の側の身勝手であり、親自身の自尊心と罪悪感の表われというコインの裏表であり、不安定さところの乳幼児的状態の兆しを表わしています。

すべてについて、こうした子どもが必要とする環境の安全の本質的なタイプが、モデルのなかで説明されています。それはすなわち、家族の**成員**全員への関心、家族の**成員**を平等に扱うこと、および黒い羊を作り出すのを避けることです。カップル家族の安全感は、「**成員**全員の成長」にかかっています（Harris, 2007, p.72）。しかし、『十代の子どもたち（*the Teenager book*）』の著書で述べているように、「適切に共有することは、厳密に均等割りをすることではありません」（Harris, 2007, p.27）。

マーサ・ハリスは、「各人は能力に応じて働き、必要に応じて受け取る」［6］という、よく知られた格言を引用しています。独自の人間として子ども一人ひとりのニーズを明確に把握することは、ルールを定式化することよりも難しいものです。しかし、このことは学校という、より広い広範な社会において学校のカウンセリングの役割が十分に理解されるならば可能となるでしょう［7］。

実際に、子どもたちだけの**成員**からなる学校という環境は、「誰もが公平に共有すること」（p.47）の価値観を学ぶための特別な機会を提供しています。この中核的精神は、子どもによりスポーツの運動場で、あるいは哲学の授業のなかで学ぶことができます。なぜならチームのために競技をするという状況においても、子どもにとっては本質的に「自分自身と戦っている」のかもしれないからです。それはパーソナリティの強化へと導きます。

「教育されていない」子どもは、それゆえ、知識の獲得は世界を理解するというよりも、世界を支配するための問題であると信じ込まされてきた子どもである、と定義できるかもしれません。それは「個人の認識論的ジレンマ」についてモデルで説明してきているように、「教育されていない」子どもは、自分を克服することをほとんど身につけ損なってきています。それほど明白にはなっていませんが、貧弱な教育システムの下で成功を収めてきた子どもは、内心ではおしなべて士気をくじかれているのかもしれません。その子どもは、大人たちが取り除こうとしてきた（と子どもが感じる）無用の知識を詰め込んできてしまった人たちの一人かもしれません。学校または家族で達成することの本質についての教えがいかなるものであっても、それらの実践ないし根底にある価値観は、こうした悲観的な見方を強め、現実的な学力に適合した意義のある知識への感覚をもった子どもを劣化させてしまうでしょう。子どものなかの大人の部分は、「理解され、世界と自分自身について真実そのままにかかわること」（p.38）を望みます。すなわち、教育を受けるようになることを望みます。

両親が自分自身を吟味する必要性が、絶えず強調されます。それはまさしく、学校がほんとうに教育的環境を提供しようとするのであれば、学校の実践的価値を観察し分析する必要があるのと同じです。「カップル家族」あるいは「カウンセリング機能がある学校」は、それぞれのエートスが現実を耐え抜くことができる内的な結合対象の進化を推し進めると効果的な教育環境となります。そうした教育は消滅することはないでしょう。しかし、親あるいは教師は、子どもが親や教師の既存の価値観や正課授業を「超えて」成長するしないにかかわらず、喪失を経験することになるでしょう。そうした喪失は、自己陶冶と気づきなしには耐え難いものです。

教育を受けつつある子どもは――その子どもの価値観は子どもの生来の性向や能力に適った文脈において発達します――内的な結合対象である親の理念《アイディア》に添いつつ成し遂げてゆくでしょ

う。そして、内的な結合対象である親のエートスは、子どもが活用できる両親像すべてと子ども自身の生来の特性から形成されるものです。親が自分の人生を押さえ込んできた——おそらくは、自分のために——と感じている十代後半の若者たちは、「次は自分が達成することを剥奪されるかもしれないとこころのなかで予想し、内的な両親に対する恨み」を展開させるでしょう（p.231）。

マーサ・ハリスは、親（または教師、あるいは治療者）が提供できる最善の支援は、現実的な自己吟味と評価を通じて、自分自身を教育しつづけることであると結論を述べています。最終的には、子どもも親も、「今もなお学びつづけている人、すなわち真に教育を受けている人たちからなる卓越した社会的階層」（p.156）に身を置くことかもしれません。

◆注

［1］［訳注］スウェーデンの教育社会学者。精神分析的観点からの教育や教員養成についての研究を主としている。

［2］［訳注］ルンド。スウェーデン南東部の都市。

［3］［訳注］The Tavistock Modelを指す。

［4］［訳注］原文e-ducate。ラテン語でe（外へ）duc（導く）という意味より、能力を導き出す。

［5］〔訳注〕コールリッジ（一七七二－一八三四）。イギリスの詩人、哲学者。理想的平等社会を提唱した。

［6］〔訳注〕カール・マルクス（Karl Marx／一八一八－一八八四）。『ゴーダ綱領批判』（1875）における共産主義社会のより高いあり方を示した文言。

［7］〔訳注〕補遺Ⅱ参照。

補遺Ⅱ

カウンセラーとしての学校［1］

ローランド・ハリス

広く行われている義務教育は良いものだと、誰もがこれまで確信してきました。しかし、これは生徒自身は除くべきでしょう。このことから明らかなように、おそらくこの確信は、そしてこの例外は確実に、教育を実践するうえでのさまざまな問題を単純にはしていません。多くの「教育が困難な」［2］子どもが、しぶしぶではありますが学校に来ています。そして、自分には関係ないと教師が拒否することのできる生徒は一人もいません。現実に混合が進む社会階層は今や流動的になり、もはや当然と思えるような標準的な行為というものはありえないのです。そうした社会情勢の結果から、ある行為を強制する正当性は、生徒がそれを無意味と思わないにしろ、教師により吟味されなければなりません。最近の『オブザーバー』［3］の記事で「対立する公立学校群と区別する」と示唆された「明確な目標をもっている」有名私立学校（パブリック・スクール）のような、最も自信に満ちた学校にさえ広がっていることは重要です。ポール・フェリス（Paul Ferris）がその記事のなかで説明していますが、そこでは、回避がモーセの戒律に取って代わるというのです。たとえば、必修の礼拝は多かれ少なかれ時間の無駄でしたが、「場をもたせるには何よりうまいやり方なのです」（ダンシー（Dancy））。ドナルド・リンゼイ（Donald Lindsay）は、上級生の男子に「ブルックリン最終出口（Last Exit to Brooklyn）」［4］を観ることに反対をするでしょうか。「そうですね、少年たちにはそれを観るチャンスは、ほとんどなかったのではないでしょうか」。ロンドンの女子校のひとつで、少年たちがなかに入り込むのをやめさせようと下水管を取り壊したとしても、（ケント州にある）別の女子校が六年生［5］の少女たちをロンドンに行かせるでしょう。たしかに、「三人未満のグループが用紙に記入し女性校長を納得させれば、少女たちの意志は尊重されるべきものなのです」。女性校長は「あらゆるものには危険が伴う」と結論づけますが、生徒が『ウィルソン夫人の日記』［6］を観ることを勧めなかったでしょう。フェリスが言うには、ボーイフレンドやガールフレンドは、もはや校長たちにも普通のこととして受け入れられています。あるいは、ある女性校長がフェリスに「どの女子校であってもピルを服用する人に大差はない」とあからさまに告げたように、態度の変化の大きさをよく示しています。

道徳を説く学校の教師が、自分たちの道徳規範について特別に知らせる決断をしなければならないときに、教師自身がつねに感じるジレンマを笑うのは簡単です。けれどもこれは深刻なジレンマなのです。というのは、学校の教師は自らの庇護のもとにある生徒たちの純粋な良さを心底わかっているので、両親と生徒の両方から尊敬されるイメージを保ちつつ、この決断をいかに為しうるのかに悩まされるからです。教師が頭の堅い時代遅れではまずいのですが、かといって偽善的でもいけないのです。実のところ、校長協議会は広告代理店をひとつ、活用すべきです。こうしたジレンマは寄宿学校において顕著ですが、そこまで鮮明ではなくとも普通の学校でも見られます。とはいえ寄宿学校での強制力は遥かに大きく、その遂行責任はより徹底しています。

今学期はじめのこの四回の講義では、全校生徒および教師が日々のプロセスのなかで、そして組織体がこのジレンマの解決に向かって何ができるのかに焦点を当てることにしましょう。その導入として、性的な、そして宗教的な行動を例に挙げてこのジレンマを説明します。というのは、このような事柄にこそ、私たちの規範のなかにある二重思考がとても身近であり、かつ滑稽な事象として存在しているからです。しかし、こうした二重思考は、（「これは君が傷つくよりも私のほうが傷つくのだ」というような）、学校の場におけるさまざまな形式での社会的行動においてもよく見られるものであり、あるいは英文法講義というあいまいさのない領域における教育方法や教育過程のなかにも見られるものなのです。また、ここでのグループのなかにもありますし、とりわけ、講義を進める前にさしあたり検討しておかなければならない二つの領域のなかにも存在していると、確信をもって申し上げます。

その二つの領域というのは、**教育の目標**と**カウンセリングという専門用語**です。教育は望ましい経験であり、そしてカウンセリングは、ここにいる皆さん誰もが、言うまでもなく関心を抱いているという点で一致し、その関心は心地よい歓談ができるということかもしれません。そうした心地よさは「教育」が意味することや「カウンセリング」が意味することを検討しない限り続くでしょう。

どのような教育課程であれ、その目標を、普遍性をもつ適切な水準で具体化することが望ましいと、教育学研究の文献ではたびたび強調されます。しかし、学生にできて当然だとすることや、学生がいかに考え感じるべきかについて教育目標を定義することは、提案されている通りにはいきません。たとえ、教育目標がかなり限定されているところ（たとえば、七年生の子どもが習得すべき文法構造は何か）と分析的手法、すなわち学習の意欲的側面（「もっと一生懸命やるべき」から「もっとうまくできた」）から切り離した認知的側面の構成要素を選り分けて計画されたものであってもです。カウンセリングでは、その目標をはっきりと定義することはさらに難しいのです。というのは、カウンセリングがまさにその本質においてあいまいだからです。というのは、諸行動、多くの問題と手段という多岐にわたるものの集合体であり、その原因と結果の関連づけが難しいからです。そして、カウンセリングは精神分析的ではありません。というのは、全体としての子ども、あらゆる範囲の子どもが必要とするものに、さらにコミュニティ全体の過程に影響を与えるからです。

建前の目標と私たちの実践とのあいだの一貫性の欠如は、しばしば生じることです。「学内軍事訓練団に会員登録するかどうかは任意だが、一人残らず参加することが望まれる」。そして、(ここにいる)私たちがもつ比較的中央集権化されていない教育システムでは、異なるサブカルチャーのなかにあるさまざまな学校の目標と価値のあいだにおいて、極端な不均衡となります。社会的な目標に一致する手段や平均的な重要性は——たとえば協働——などは、学校間によって大きく変わるものではありませんが、その学校での比重は大幅に異なるかもしれません。学校というのは、カウンセリングを担う機関としての役目を果たさざるをえないと考えます。しかし、学校が方向性をもって意識的にそうしようとしても、目標のなかに具現化されたその学校ならではの価値をまずは吟味せねばなりません。そして次には、学校の教育プログラムがこれらの価値をいかに具現化しているかを評価するために、実際に何をしているのかを精査しなければなりません。その教えと実践は、どのくらい一致しているのでしょう。多くの学校ではその一致度はそれほど高くないと思います。皆さんの学校のカウンセリング業務全般に影響を与えるような、すべての人にとって、きわめて有益な個別地域調査研究では、以下のような一貫性に関する事柄が示されるでしょう。それは、(a)建前の価値観と、実際に行われたこと(教育学的方法、教職員の態度、社会化の手続きなど)から確実に推測される価値観との一貫性、(c)(b)行われたことと、確実に推測される価値観あるいは作用している価値観との一貫性、(c)作用している価値観と、教職員が見込んでいる価値観との一貫性です。

こうした調査研究は、学校——あなたが勤める学校——がカウンセラーとしての立場から効果的かどうかを見直すとき、最初に必要となるものです。それは社会全体にであれ、教育全体にであれ、個々の学校と教師に対してであれ、たいてい衝撃のようなものをもたらします。それは目を閉じた後に、鏡のなかの自分がどのように見えるかを見るというような経験です。教育の目標はつねに価値観の表明であり、最もおのずと行われているものですらあります。そして、文化間の主要な差異のひとつはたしかに価値の階層《ヒエラルキー》のなかにあります。クラックホーン（Kluckhohn）［7］とレイトン（Leighton）［8］（1946）によると、インディアンのナヴァホ族は美的経験を探し求め、それらを神聖なものとみなすとのことです。なぜなら、ナヴァホ族は美に価値を置き、多くの特有な形で美を創造し楽しむために進んで学ぶからです。私たちも、自分のファッションを求めて美に価値を置きます。しかし、芸術家に対する私たちのステレオタイプな見解は、芸術家がただ単にむさくるしく、だらしなく、反社会的で技量に欠けるものにすぎないのであれば、神聖というよりはむしろ悪魔的です。私たちがより高く価値づけるのは、（できれば正しい）力と結びついた実用性と競争力です。一般的に、私が思うに、価値観の階層のなかで美的経験を軽んじている事実を学校はほとんど認めません。政府の社会調査が学校評議会（the Schools Council）を通して最近出した中等学校の卒業生の態度に関する報告書では、学校の教育目標一覧の二七項目において、一五歳の卒業生では演劇と詩が（男女それぞれ）二六位と二七位でした。これは驚くことであり、親による評定を見ても、これらの科目はまったく同じ位置にきます。その一方、教師ではどうかというと……校長はむしろ美的なほうに傾いていました。演劇が下から数えて八位で、詩は下から数えて五位でした。一般教員は生徒の視点にさらに近くて、演劇は下から五位、詩は下から二番目でした。美術は、誰からも目標として言及されませんでした。五〇〇〇人弱の生徒と親、そして一五〇〇人の教師がこの調査に参加しています。カウンセリング機関としての学校に対する、最も重要な不一致がこの結果が示す特質に表われています。すなわち、美的経験は重要だとする建前の見解と、実際には専門家である教育者が最下位に順位づけることを認めていることとの不一致です。また、学校でのカウンセリングの目標と、価値観の優先度とのあいだにある内的特性に関する不一致です。たとえば、校長の九〇パーセント以上、そして教員も同じ割合で、パーソナリティと人格の発達を優先度のなかではとても重要だと位置づけるとともに、「上手に話すこと」がこれに唯一続くものとして二位になっています。ゆえに、その同じ人たちが演劇と詩をリストの最低に置くのには驚かされます――経験とスキルがパーソナリティと人格の目標に直接的な影響を与える、と思っているのかもしれません。

教師と親と生徒のすべてがあるひとつの価値に同意するときに、明示的にも暗示的にも（すなわち作用している）その価値が全校生徒と教師の進展のなかに、たしかに見出すことができると断言することができます。価値についての意見の相違は、しかしながら、自分たちの学校に固有の効果的な進展に注目しようとする人にとって等しく重要な案内役となります。もっともその解釈はさらに難しいことが多いのですが。学校評議会の報告書には、試験成績と、仕事に直接役立つものの学習に関連する二つの例が挙げられています。そこでは、校長も一般教員も試験の成績をきわめて低く位置づけており、校長は下から二番目に、一般教員は最下位に位置づけています。校長たちの見解では、仕事に直接的に役立つことの学びは下位にあります。一般教員の場合は詩のみが下位にあります。その一方で、おおよそ七〇パーセントの生徒は学業成績を最重要とみなしています。教師が、試験は重要ではない（あるいは望ましくないこと）と研究者にどれだけ言ったとしても、教師のさりげない発言や、頻繁にある小テストや試験によって、生徒たちは試験で良い点数を取ることこそが大事だと感じていることでしょう。すなわち、二重思考なのです。「仕事に直接役立つ学び」では、生徒と教師の見方のあいだで違いがあることが示されています。それは意味するところの違いなのです。八〇パーセントの生徒と親はこの目標を「とても重要」だと評価していますが、校長では一四パーセントにすぎません。試験についての意見の相違は生徒たちに多く見られますが、学びのなかで仕事に直接役立つことについての相違はほとんどありません。試験に関する不一致は、教師による規範と実践とのあいだにあり、仕事に役立つことに関する不一致は、教師の実践と生徒（とその親）の願望とのあいだにあります。

これまで価値観と目標についての話をしてきました。それは、公表されたことと達成されているものとのあいだに一貫性を保つことが必要とされるならば、価値と目標を吟味することなしには、また価値と目標が求めるものを理解し予測することなしには、学校のなかに健全なカウンセリング体系を設定することはできないであろうと思われるからなのです。この価値一貫性を検証することなしに学校にカウンセラーを置くことは、自分が創ろうとする色の調和や配合を考えずに、絵の上に赤い小滴を加えようとするのと同じようなものです。

用語

「カウンセリング」というラベルに、多くの教師はきわめて特別な意味を込めています。たとえば、ふさわしい仕事に子どもを仕向けるとか、学校のどの課程を取るべきか助言するとか、個人的な問題を解決するために子どもの話に耳を傾け手助けをするといったものです。これらはどれもそれ自体、大切な活動ですが、私がカウンセリングの概念を広げようと提案するのは、学校が子どものために行うすべての活動のなかに必然的に含んでいるものを扱うためです。**カリキュラム**は教育的なプログラムです。すべては学校のなかで子どもの身に起こることについて予想されているからです。カリキュラムには包摂性と相互作用があり、このことが最も重要です。私たちが子どもをしつけるとき、私たちの指示に従うように子どもを条件づけます。私たちが子どもに正しく書くようにと教えるのは、スキルとしてだけではなく、いわば子ども自身の自己尊重と、社会的圧力やニーズの調節のためです。私たちが歴史上の事実を教えるのは、それが単なる事実だからではなく、社会的および政治的システムを超えた一員としてよりよく機能するためだからです。私たちが子どもの個人的な悩みに注意を向けるのは、人間的な共感からだけではなく、教師として教育プログラムを効果的なものにしたいという望みゆえなのです。つまり、子どもたちが個人的な危機を解決して、より効果的に学べるようにと望んでいるからなのです。カウンセリングは、教育的**かつ**職業的**かつ**個人的なものだと、これまで言われてきました。ここで注目していただきたい点は、カウンセリング（パストラルケア〔9〕、またはガイダンス。この用語は幅広く用いられており、私たちはいまだこれを定義するには至っていません）は、近年、二つの重要な展開を実証してきています。第一に、心的破綻をしている子どもを救うこととは区別される（それを除いてではない）、健常な子どもに対する肯定的なガイダンスを強調するカウンセリング観へと向かっていることです。すなわち、強力な予防的要素が入ってきています。第二は、カリキュラムのなかで、学校全体が子どもという存在全体に影響を及ぼすように、すべてが関連して作用しているという認識が高まっています。いまだに、カウンセリングは本質的に治療的なものであり、事態が悪化したときにのみ行われると考える傾向が広く強固に行きわたっています。大学の教育課程の部門に分かれた専門主義は、今なお知的成長から社会的成長を切り離すことを助長しています。そして、もし学校自体の部門が互いに分離したままならば、多くの援助機関が相互に、そして学校からも分離したままとなります。これをなぜ強調する必要があるかというと、学校こそがカウンセリングの中核となる組織体であり、教師がそのプロセスで中心的な役割を担うからなのです。それはカウンセラーという名前で働くにせよ、寮の舎監、学年主任、学級担任、教科担任、いかなる職名であれカウンセラーです。この段階で、私の意見を表明することで、あらかじめ結論を述べることが適切でしょう。

（a）学校は、子ども（という存在）全体に関心をもつためで、知的および学力的発達に留まらない責任を負うべきである。

（b）教育現場の近年の変化（特に、社会的に均一でなく大規模な総合制中等学校［10］が登場してきたことや卒業年齢の一定の繰り下げ）によって、もし教師が子どものすべてにわたる個人的な発達に積極的に関与しなければ、学校に問題をもたらすことになる。

（c）学校でのカウンセリング実践は、時間割やカリキュラムのなかで、より明示的に強調する必要がある。

（d）カウンセリングは、実際ほとんどすべての学校の活動に対して、すなわち学校の教育的・組織的・社会的な活動や、学校内部あるいは外部のコミュニティに関連している活動のなかで運営されうるもの。簡潔に言えば、カウンセリングは学校の基盤的な過程であって、単なる補足ではない。

これらの結論への道筋も、やはり価値観についての研究によって導かれます。なぜなら教授方法を方向づけているのが、私たちの価値観だからです。学科中心に重点を置くことを好む教師も、子ども中心と言う教師もいます。別の教師は社会のニーズを強調しますし、個人のニーズを強調する教師もいます。ある人たち——学術的かつ官僚的に地位の高い人たち——は、個人差を知的水準に対応して適性のタイプに押し込めてきたので、学術的・技術的・二次的な現代的対立が出現したのです。権威主義的で、クラス内で直接リーダーシップを取るやり方を好む人もいれば、寛大で、あるいは放任主義の人すらいます。これらの違いはなかなか共存しがたいのですが、通例は共通の方向性をもった統一した概念に集約されることで切り抜けます。

こうした概念のなかで提唱したいものは、子どものメンタルヘルスです。メンタルヘルスは、ほとんどが価値観の問題です。すなわち私たちは、一般に世の中でメンタルヘルスの価値観について確実に断言することはできず、私たちの社会のなかでさえ、どのような価値が強調されるかについて、大きな多様性を受け入れなければならないことは疑いの余地がありません。とはいえ、メンタルヘルスについての一致した見解としては、次のような要素が含まれるかもしれません。それは、子どもの知的潜在力、道徳的判断、美的感受性、個人的かつ社会的な適応、(社会的技能を含む)スキル《ソーシャルスキル》、感情、そして身体的健康さえも含めた最適な発達であり、そのすべては成長全体のパターンに貢献するものです。意識化しかつ理論的な体系としてのカウンセリングは、アメリカ合衆国の影響を大きく受けています——「グローバル化」「持続性」「クライアントの積極的関与」「役割一貫性」「予防志向」「学校体系のフィードバック」というような言葉は、おそらく聞き慣れているでしょう。これらのいくつかは、私たち独自の教育的・社会的構造に合った形で、かなりのあいだ、英国で用いられてきました。たとえば、自立性の強化（能動的なクライアントの関与）は、さまざまに装いを変えながらも、長きにわたり学校にとって好ましいものでした。「人格を形成すること」「あなたらしい男になること」（あなたが女性でも）「自分の二本の脚で立つこと」これらはすべて自立、人格、大切な人の仮面の姿なのです。仮面の下にある顔は異なりますが、実のところ自分自身のものとたいへん似通っているのです。教育の目的のひとつは、私たち自身に似た人を作り出すことにあり、私たちの世代がもつジレンマは、自分たちはうまくいっていないのではないかと怖れていることです。

メンタルヘルスと教育とのあいだの密接な結びつきは、ユネスコが組織し、欧州で開催された子どもの教育とメンタルヘルスについての地域会議のとき、すなわち一九五〇年代はじめまでにすでに十分に確立されていました（W・D・ウォール（W.D. Wall）による著作を参照）。そこでは、学校の生徒たちに対する適切なガイダンスの手続きを正当化する根拠が十分に示されていました。英国では、メンタルヘルス全国協会の第一回会議が一九六四年にブリストルで開催され、それが現代にふさわしいカウンセラー養成課程のいくつかを設置するのに貢献したと思われます。至るところで、教師自身が「パストラルケア」をひとつの、時に中心的な職業上の責任と認識して、地域の慣習や地域の慣習がもつ重圧に合わせたり、適合させたりしました。教師の役割について著わしている教育学者と社会学者は、教師の役割は、知的な問題と同じく倫理的かつ社会的にも機能しているように思われることだと指摘しています。さらに、これらの教育学者や社会学者は、他の多くの専門職の人たちの役割がより専門化して限局されていくなかで、教師の役割はまさにより包括的に、あるいは「拡散的に」なる傾向があると指摘しています。

私は、これらの意見の裏づけとなる中等学校の卒業生に関する政府による社会調査報告書について、再びお話しいたします。一五歳男子卒業生六六パーセントと、女子卒業生七六パーセントが、「自立する手助けをすること」「何が正しくて何が間違っているかについて教えること」という項目を、学校の目標としてとても重要だとしました。両親もほとんど同じ割合で同意しています。そして学校の教師はさらに高い割合で同意をしており、校長の九〇パーセント、一般教員の八六パーセントが「自立できる手助けをすること」について非常に重要だとしています。「何が正しくて何が間違っているかについて教えること」は、それぞれ八四パーセントと七六パーセントでした。九〇パーセント以上の教員が、生徒のパーソナリティと人格の形成に自分たちは深く関与していると見ており、おそらくこれは自立心を育てる他の目標において成功のものさしとなるものです。もっとも、生徒の多くはこの順位に同意していませんが。詩と演劇が優先順位の最下位近くに位置づけられていること以外で、自己陶冶の分野くらい生徒と教師のあいだでこれほど一致が見られる分野はほかにありません。

このように英国には、学校と教師がカウンセリング機能を遂行するうえで、十分に確立された歴史的基盤があります。加えて、学校がカウンセリングを継続的にうまくいっているかどうかを吟味する、体系的な基盤もあります。私たちが想定しなければならないのは、カリキュラムのなかには包括的な体系があり、すべての変数は互いに影響し合うということです。カリキュラムのなかの変数というのは、内容やプロセス、ならびにフランス語や土木技術などについての教育のさまざまな手段というものを指します。大集団方式やドルトン－プラン法〔11〕、能力別クラスや能力混合方式のクラス、人としての教師と職務としての教師というこれら三つは、変数の具体例になります。

生徒のなかにも、変数の体系を見出せます。しかし、こうした変数は、生徒の一般的能力または要因的能力（言語性スキル、動作性スキル）、生徒の態度と興味、失敗と成功の経歴、生徒の家族、社会的圧力や向上心を含みます。教育的理論化においてもカウンセリング理論においても、多くの前後関係即因果関係の推論が数多くありますが、少なくともいわゆる実証的な妥当性はありません。（たとえば）乳幼児期の初期に著しい言語的剥奪状況を経験した子どもは、言葉を操る能力がうまく身につく見込みが少なく、その結果、概念化の発達と（私たちの社会における）知的達成が遅れてしまうということを示す「確固たる」証拠は全く存在していません。そして、今の話で、体系的な相互作用が起きていると推論する怖れが依然としてあります。あることがうまくいかないことは、次へとつながります。

長期にわたる子どもの養育にかかわる場合では、事態は、遙かに複雑です。私たちの教育に関する情報から見ると、体系的に取り上げた変数がすべて関数関係のごとく結びつくことはめったにありません。私たちには、なぜかわいそう《リトル》なジョニーが地理嫌いなのか、確実にはわかりません。今の学校に行く以前に、嫌味な教師がいたのかもしれません。あるいは、試験当日に病気になったからかもしれません。あるいは、兄や姉があまりによくできたからかもしれません。あるいは、質の悪い教材や説明が学習意欲を妨げたのかもしれません。私たちは、必ずしも変数というシステムのなかに単純で直線的な継起を見出すわけではありません。原因が示すこととは関係なく、それぞれが相互に機能しています。すなわち、感情が認知を決定づけたり、認知によって感情が決定づけられたりします。これらの関数関係は、時に葛藤を含みます。地理の授業から抜け出したいというジョニーの欲求は、校長の怒りを鎮めたいという欲求や、あるいは自分はすぐには挫けないことを示したいという欲求によって覆されるかもしれません。変数と変数のあいだにある関係の複雑さは、解釈の確実さを妨げます。にもかかわらず、相互作用の体系のなかでひとつの変数が変化すると、他のすべての変数は多かれ少なかれ変動することで、仮説は信頼を留めています。

　そんなことはわかりきったことだと思っていただけることを期待します。しかし興味深いことに、学校での実践において言葉のうえで認識していても、このことが適切に認められることはまれなことです。学校の価値と目標は何かを示す膨大な研究が存在しており、学校の目標は教師が関与することにより記述されていることを認識することだけを根拠とする、中立的な観察者により理解された目的を研究者が解釈する調査はないと思います。こうした調査があれば、体系におけるさまざまな変数の一貫した相互作用と統制されたパターンの相互作用が明らかになるでしょう。すなわち、学校とそのコミュニティが「良い」と決めたものはどのようなことであれ、すべてはその方向へ向かって働きかけていることを明らかにするでしょう。

複合的な二重思考や、場当たり的で考えないことは、どこにも存在しています。一貫性についての模範例は、伝統的で権威主義的な単純な志向者による王立学校（academic school）に、たしかにあるかもしれません。そこでは、限定された社会階層の一員が職員と生徒になっており、かけ離れてはいるものの受け入れることができるくらいに似通った家庭的背景に、社会的・個人的な変数の多くを委ねることができるか、自ら進んで委ねる可能性が高いと見られます。これに比べてより現代的な学校では、社会構造が横断的であり、より広く存在する変数についての職責を受け入れることを余儀なくされます。この見解は、ある（ひとつの）学校の体系が別の学校の体系より好ましいことをねらいとするものではありません。効率性を把握する進め方については、目標と価値を包含するよりも、目標を除外し価値を限定することで容易に達成できるかもしれないと述べているにすぎません。カウンセラーである私たちとの関連で考えると、英国のシステム（特に政府による包括規制の強要）では、目標の除外と単純化をもとに進めることは、もはや不可能なのです。学校の規模、社会構造、教師や生徒の能力とその背景となる要因の範囲、サービスの複雑さについて、学校は社会に提示することが予想されます。パストラルの役割を多くの教師が受け入れてきたという歴史的な現実は、カウンセラーとしての学校に、学校の体系のなかにあるあらゆる変数は互いに作用しているという自明的な意味を考えさせます。

今後の講義において、教師にとってこれが何を意味するかを、さらに詳しく見ていくことにします。ひとまず、そのことを、価値観についてこれまでに述べた説明と単純に関連づけてもよいでしょう。すなわち、私たちの価値観は、学校の体系において重要な変数なのです。もし学校が、「メンタルヘルス」という構成概念を——それ自体が分析されねばなりませんが——主たる目標とするならば、次には主たる目標で何を教え、主たる目標をどのように教えるか、そして教師と教わる人とのあいだのやりとりを精査せねばなりませんし、そしてこれらすべてが主たる目標にどのような影響を与えるかということを見るために検証せねばなりません。こうしたことは価値と一致し、相互に矛盾はないでしょうか。私たちのうちの誰かが、言うなれば「自立」という特性をメンタルヘルスのスペクトラムにおける重要部分を反映するものとして選び出すかもしれません。これはたしかに、現代のカウンセリング理論の論文の多くとは矛盾しません。論文では、自立とは決定をなし、その選択に責任を負う力であるとされ、望ましい価値とみなされます。その一方で、依存を必要とする多くの個人がいるに違いなく、学校がこの価値をとりまくパストラルケアを構築することは、十分に相応しいものです。それは女王陛下の検査官のお決まりの質問、すなわち法令上そうしなければならない最初の質問である収納スペースの存在とトイレについて、あるいはA・S・ニイル（A.S. Neill）が苦情を訴えたように、天井の状態はどうかというものではなく、学校を建設するために決定的に重要なやり方についての問いなのです。

私は、英国の教育には二つの主要な発展があると述べてきましたが、それは学校での重要な対処であるカウンセリングの登場によって説明してきた、または説明されてきたものです。第一の発展は、教師のメンタルヘルスに対する見方と、教師から生徒への指示が否定的なものから肯定的なものへと強調することが変化してきたことです。したがって、生徒が教師からの期待として認識するのは「姦淫するなかれ」から、「私たちは互いを愛さねばならない、さもなくば死を」（ブレヒト）への変化です。あるいは別の人は次のように言うかもしれません。「ピルをお飲み、その悪魔に冷水を浴びせるのよ」と。表現された態度と行為において現われた態度との違いをすべて認識することで、文献で「前向きなメンタルヘルス」と言われているものが確立されるかかわりを、少なくとも目指すために努力するかかわりを、私たちは今もなお受け入れ、あまつさえ喜んで受けとめるでしょう。

第二の発展は、カリキュラムのなかにある多くの変数がもつ相互に作用し合う影響を受け入れてきたことです。この発展は、教師の態度が自己概念と子どものパフォーマンスに及ぼす影響の検証、およびシラバスの内容、教授方法について、数多くの現代的な修正がなされてきたなかに見られるかもしれません。相互作用が起こると、これらの展開はすべて、変化が起きている最初の集団のなかで「前向きなメンタルヘルス」として認識された価値を強化する方向へと作用するか、あるいは「自立」と名づけられた概念へと向かいます。シラバスの内容は、通常、社会に責任を担って参加することによりかかわる情報を提供する方向へと変化します。教育方法は、しばしば自己教育や自己批判を具現化します。そして教師の態度は、「独裁的」というよりも「民主的」と名づけられたものになります。学校とは信念の表明であり、私たちの価値はその手段のなかにあります。実際のところ、言わばナチス・ドイツの事例において見られたように、私たちの価値が現在、表現されているものとは全く反対のものであるとするならば、さまざまな変数はやはり相互に影響し合うでしょうか。

私たちはようやく、カウンセリングについての概念上の定義を提案できるところにきたようです。それは、メンタルヘルス全国協会が設置した作業部会の討議の結果として作成されたパンフレットのなかに示された見解にもとづくものです。「カウンセリング」とは、子どものメンタルヘルスを促進するうえで役立つ複合的な手段を表わす名称であり、誰もがカウンセリングの定義を短く簡潔なものにしようとすることは期待しないでしょう。カウンセリングには、こうした複雑な意味合いがあるためです。この複雑な意味合いがあるために、学校のカウンセラーの役割について、不確実さや混乱、不毛な論争が時に起こるのです。

カウンセリングの定義

ではここで、定義について提案をします。

カウンセリングは、ある**特定の**社会における**特定の**子どもたちのニーズに適ったパストラルケアの**システム**の働きです。その意味するところは、カリキュラムの発展のために学校**および**コミュニティが**意識化している**責任を受け入れることであり、カリキュラムは個人、社会、教育、職業の領域において、子どもが協働することができる自立した大人へと成長することを助けるように作用するものです。

ここで、はっきりさせておくことが必要だと思われるキーワードがいくつかあります。例を挙げましょう。

システムが意味することは、調和して働くこと、一貫したパターン、パストラルケアに影響を与える仕組みおよび機会を計画的に供給することです。それは、（たとえば）子どもが手助けを求めたときに共感を示す教師がいるというような偶然の機会には頼らないものです。

特定のということは、必ず対応されるべき、個人の広範囲にわたるニーズを考慮に入れた、一つひとつの特異性を示すものです。

意識化している責任は、合意された教育目標としての定義のもとにあることを受け入れねばならないことです。それを実現できるかどうかは、カリキュラムのすべての側面、すなわち、カリキュラムの内容、教授することやガイダンスの過程や方法、適切に支援する機関や人への態度につながる可能性ということが、パストラルケアを効果的に活用することに貢献していると認識することにかかっています。自覚的かつ明示的であることについての責任は、教育者がもつ修正・適応能力のなかにあるものとみなされます。

学校とコミュニティは、共同の責任を担うものです。それは現在の文脈において、パストラルケアのシステムが作用する学校の第一義的な責任です。

カリキュラムは、学校のコントロールまたは影響力のもとにある、あらゆることが子どもに起こることが予想されています。

個人の成長という視点は、強みとその限界をはっきりと理解させるために、(たとえば) 子どもの自己認識や、空想と現実との折り合いをつける能力を含めようとするものです。

社会的な側面は、他者や他の集団とのあいだに建設的な関係性を形成し、自立性を失うことなしに社会に適応する能力を含みます。

教育的な成長は、伝統的に学校から伝達されるスキルと情報の実質的に使いこなす力の発達にかかわるものです。

職業的な成長は、他の領域での十分な発達に続いて、子どもが自分自身の特質や社会への貢献を同時に満たすような仕事への意欲を集中できるときに達成されます。

自立、協働は、次のような価値を示します。自立と協働が選ばれたのは、カウンセリングについての特定の定義を構築する集団の目的に沿っているからです。別の集団では代わりに「服従的、従順」が望まれるかもしれませんし、別の用語がここで用いられるかもしれません。皆さんが採用すべき価値観を、教師やカウンセラーとして皆さんに教えることが私の目的ではありません――それは、それぞれの学校と教師自身の問題です。けれども、私の議論の中心にあるのは、定義のなかには価値観が含まれるべきだということです。なぜなら、システムを司るのは価値観だからです。価値観は、特別なニーズをもつ子どもたちに対し確実な仕方で反応しやすく私たちを導き、またコミュニティとの結びつきを形成したり拒否したり、カリキュラムの性質を決定したり、最終的には学校での対処の内的一貫性という特質を決定することへと私たちを導きます。

それでは、いくつかの価値とそれらの価値の一貫性の問題と共に出発点に戻ります。

要約

カウンセラーとしての学校は、第一に、その価値と目標を吟味せねばなりません。これらについては、学校のなかに深刻な見解の相違があり、それは学校を壊しかねない（Risinghill Schoolのように）ほどのものです。

次に、この後に述べる一つひとつのあいだにある一貫性を明確に示せるるように、中核となる価値体系（たとえば、メンタルヘルス）の周縁でカウンセリングの多様な作用を体系化せねばなりません。

－建前で表明されているものと実践とのあいだ
－教職員と生徒とコミュニティとのあいだ
－方法と目標とのあいだ

学校におけるカウンセリング、という考えを守る必要はありません。それは、あるひとつの主題や別の主題のもと、実践を通して時間をかけて構築されるものです。誰がそれを担うべきか、つまり新しい専門職の「カウンセラー」なのか昔ながらの「教師」なのか、あるいはその両方なのかという、カウンセリング過程そのものについての議論や懸念はあまり多くはありません。英国における弱点は、カウンセリングの諸側面が学問分野として全く別々に扱われる傾向があったことです。たとえば、個人のガイダンスと職業《キャリア》ガイダンス、情緒的成熟から知的達成までなどです。これと同様に、カウンセリングの機能は、教師の機能からは全く独立したものと思われてきました。カリキュラムのすべての側面が相互依存性をもつということを認識することは、カウンセリングに対するこうした分離主義的な態度は不要であるばかりでなく有害であることを示唆するものです。このことは、「教師」と「カウンセラー」とのあいだに無用な摩擦を作り出し、学校全体がカウンセリング機関であるという理解をあいまいにします。カウンセリングは、カリキュラムにまつわるすべての事柄のなかにある、標準的な学校の過程なのです。

続く三つの講義では、学校の資源《リソース》、子どものニーズ、そして標準的な学校中心の相互過程としてのカウンセリングという見地から見た資源と子どものニーズとの関係性について検討していくことにしましょう。これは、カウンセリングのいくつかの原則や、学校という状況のなかにある幾つかの問題が、私たちにかかわっています。このなかには、カウンセラーの役割という問題も含まれます。

◆注

［1］［原注］一九六八年のスクール・カウンセラー課程の開始にあたって、タヴィストックでなされた四連続講義の最初のもの。この課程の発端はジャック・ホワイトヘッド（Jack Whitehead）（2009）による起案文書である。文化はそのまといを変化させてきたが、ここで定式化された本質的な考え方は今なお議論を呼んでいる。

［2］［訳注］ineducable：知的あるいは情緒障害により普通学級教育が困難な、という意味。

［3］［訳注］一七九一年創刊の、英国で最も歴史のある日曜紙。

［4］〔訳注〕一九五二年のニューヨーク、ブルックリン八五番街を舞台に、売春婦や労働組合の現場責任者、ストリート・ギャングの若者らのセックスやLGBT、喧噪と孤独の日々を描いたヒューバート・セルビー・Jr（Hubert Selby Jr.）による小説（一九六四年発表）。人間の暗部を徹底的に描いたもので、一九八九年には映画化もされている。

［5］〔訳注〕sixth-form：一六歳以上の中等学校の最高学年（六年生）であり、通例は二年間にわたる。

［6］〔訳注〕Mrs Wilson's Diary：ハロルド・ウィルソン首相の夫人マリーによる空想日記であり、隔週で雑誌に連載されていた風刺文。一九六七年にはロンドンの劇場でミュージカル上演され、後にTVドラマやBBCラジオで放送されて有名になる。

［7］〔訳注〕アメリカの文化人類学者（一九〇五－一九六〇）。ハーバード大学人類学科で教鞭をとり、ロシア研究所の所長を務める。ナヴァホ族をはじめアメリカ・インディアン諸部族の性格形成を中心に分析を進めたが、晩年には価値観の比較研究を組織的に行った。

［8］〔訳注〕アメリカの精神科医（一九三八－一九八九）。

［9］〔訳注〕アドバイスを含め、学校が生徒の個人的な問題まで面倒をみること。もともとは、宗教指導者や教師による主に精神的なケアのことを指していた。

［10］〔訳注〕comprehensive school：総合制中等学校。英国の公立の中等学校の大部分を占める。

［11］〔訳注〕一人ひとりの能力や要求に応じて学習課題を選び、教科別の実験室で、教師の助言のもと自主的に学習を進める個別学習法。

解題

わが回想――〝親なるもの〟を希求して

ヤマガミ精神分析クリニック　山上千鶴子

私は一九七二年にイギリスの地を訪れ、翌年タヴィストック・クリニック（Tavistock Clinic）のチャイルド・サイコセラピスト養成コースに日本人として初めて訓練生（trainee）となった。これはすなわち、故知《ゆえ》らずマーサ・ハリス並びにドナルド・メルツァーというお二人を私が〝親〟にしたということになる。そして歳月を経るにつれ、それは「私が私になる」ためには必然であったとの思いが募る。本書の主論文であるところの*A Psychoanalytic Model of the Child-in-the-Family-in-the-Community*（1976）は、そもそも彼らがＵＮＥＳＣＯから諮問され、それへの答申書として共同執筆したものであるわけだが、おそらく精神分析家としての彼らにとっては一つの〝総決算〟であったろう。文面に漲《みなぎ》る気魄に圧倒され、彼らの真面目《しんめんもく》に改めて衝撃を覚えた。わが国での翻訳出版を機に、この論文の骨子とも絡ませながら、「私というものの成り立ち」を回顧し、やがて私がどのようにして彼らとの因縁に繋がったのかを証してみようと思う。

それは誰にも覚えのあること。朝起きれば学校へ行く、それが当たり前。それが日常のなかで、ふと幼き心に一抹の懐疑が浮かぶ。〈なんで学校に行かなきゃなんないのかな？　なんで勉強しなくちゃなんないのかな？〉と……。我が家では、両親が殊さらに〝教育熱心〟というわけではなかった。ただ小学校の低学年の頃から、夕食後に国語と算数のドリルをやらされ、それを父親が添削してくれたぐらいで……。だから勉強のプレッシャーというのが格別あったとは思われない。それよりも、大人になるということが茫漠とした感じで、自分が今ここにアルということが未来のどこに、そして何に繋がるものやら、皆目見当も付かないことに怯えていた。ランドセルを背負いながら学校に通う。その重たさとは違う何かを己の背中に重苦しく感じていた。自分が〈在る〉ということの不確かさである。未来へのわけのわからぬ不安に今の私が押し潰されるような……。それなのに、大人の誰彼から期待を我が身に受けることがあった。私は何故かいつも「期待される女の子」であったのだ。そう言えば、小学校一年の学芸会の舞台で、参列した父母たちに向けての《はじめのご挨拶》をさせられたっけ……。学校の先生というものは子どもたちに期待するものだ。そこに善意が溢れていたとしても……。私は期待されることが苦手だった。つまりは、愛されているというわけだから、その感覚に抗う自分も変なのだが。しかし期待を寄せられる、その途端に〝私の未来〟は窮屈になった。その期待の中に閉じ込められたようで……。仕掛けられた罠、そんなふうに思えた。しかしながら、〈そんなの私なんかじゃない！〉と、それに刃向かうほど〝わたしなるもの〟の経験もなし、知力も無論ない。〈ただひっそりとしていたいのに……〉と内心呟くのみで。〈私は誰からの期待も要らない。でも私は自分にどんな期待をしているといえるやら……〉と自問せざるを得ないわけだが、でも到底答えは見つかりそうにない。そんな内気ながらもどこかしら厄介至極な子ども、それが私だった。

親たちは若く、戦後の慎ましい暮らしのなかで切り詰めた生活があった。父親は自衛隊の技術士官で、しばしば赴任先が変わり、引越しが多かったから、家の中に蔵書といえるほどのものはなかった。辛うじて「大百科事典」といったものが書棚にずらっと並んでいたのを記憶している。僅かな給料から工面して購入したものであろう。当時では唯一それが〝文化〟を意味していたから、父親の気概と誇りがちょっぴりそこに覗われた。他には父親の技術関連の専門書、それに父親が使い古した辞書類がいくらか並んでいた。そこに英和辞典もあったわけだが……。覗いてみて、ちょっと不思議な感覚だった。民謡やら浪曲をラジオで聴くといった、そんなのが家族の娯しみ。そんな暮らしに余裕などなかったはずなのに、妙にのんびりしていた。職場では「千人に一人の逸材」と評されていた若かりし頃の父親は、子どもの眼から見ても凛々しく誇らしかった。庭で弓の稽古に励む父親の周りをウロチョロしている幼い私の姿が浮かぶ。父親が的《まと》を狙って射った矢を追いかける。コスモスが風に揺れていた。草叢に蛇がいるんじゃないかと恐れたり……。姉も妹も傍らにいた。母親はいつも溌溂とのびやかで覇気に溢れていた。器用に自己流にデザインし、ミシンやら毛糸編み機で手作りした服をいつも私たち娘三人に着せてくれた。そのぬくもりに包まれ、貧しさのなかに貧しさを知らないつもりでいた。

或る日、確か小五の頃だったか、私は学校からの帰途、霞ヶ浦を見下ろす高台の麦畑のなかを歩いていた。足元の小石に目を止め、自分がここに「在る」という感覚に突き動かされ、不思議を感じた。反動的にその小石をぽんと靴の爪先で蹴った。コロコロと転がるそれを眺め、自分の〝未来〟が動いた。どこか「別の違うところ」というのがぼんやりと思い浮かんだ。〈私は私を好きなように生きてやろう！　誰にも未来を決められたくない……〉。密かにそう思ったのだろうか。何故か不意に英語を勉強したいという気持ちが頭を擡《もた》げた。当時「阿見小学校」での担任は日沢先生とおっしゃる若い男性教師で、私に目を掛けてくださっていた。家庭訪問にやってきた折には、何やら母親と話し込んでいた。彼の眼には母親は教育熱心と映ったらしい。当時子どもたちの間では何かしらお稽古事をするのが流行っていて、姉は人形づくりの教室、妹は日本舞踊に通っていた。さて私はどうするかと母に訊かれて、英語を習いたいと返答した。どうやらそのことを日沢先生は聞いたらしい。或る日彼から英語のアルファベットの綴られたノートが私に手渡された。それらの異国の字をたどたどしくなぞることから手習いが始まり、それを彼が添削して返してくれた。やがてそのノートに少しずつ英単語が増えていったが、またもや引っ越しで転校したわけだから、その英語の勉強もごく短い期間でしかなかったけれど……。

いつか思春期の私は、考えることを始めた。それはいいのだが、往々に行き詰まり感が募り、溜め息まじりの〈わからない……〉が口癖の妙な女の子になっていった。「与謝野晶子」の詩歌をこころの内で反芻する。それはまるで〝檄文〟といってもいい。〈一人称にてのみ物書かばや〉といったこと……。そんなこと言われても……と戸惑い尻込みするばかりで。そんな不甲斐ない、煮え切らない自分に嫌気が差し、閉塞感に逃げ込んでしまう。そんな折、カソリック系の或る女子高に特待生制度というのがあるから受けてみたらどうかと担任の教師から勧められ、受けたら受かった。教師たちは喜んでくれた。親たちも喜んだ。私は自分の身に起きたことがよく分からず、ぼんやりしていた。西舞鶴にある「聖ヨゼフ学園・日星女子高等学校」というのがそれであったが、特待生は授業料免除だけではなく、進学指導、つまり大學受験のための優遇措置がいろいろあった。つまり少数制英才コースというわけ。私は、誰かの期待を背負う羽目になってしまったと、この想定外の事態が面映かった。そして何よりも、いつも姉の背中を見ながら、その後を付いていっていた私だったのに、或る日から突然毎朝の通学路があっちとこっちとまるで反対方向となった。姉は自転車で東舞鶴高校へ、私はバス停からバスで西舞鶴の日星高校へ向かう。バスに乗りながら、一人妙に心細かったのを今でも覚えている。何故だかちょっぴり恨めしいような……。

私の父方の祖母は生前クリスチャン（プロテスタント系）だった。若くして子宮癌で亡くなったその母親を追慕し、父親はずうっとわが家でクリスマスを祝う習慣を続けていた。それは疎開先の母の郷里の秋田から父親の赴任する北海道・旭川の駐屯地へと移り住み、家族が共に暮らすようになって以降のことで、いくらか成長した私たち娘三人を喜ばそうとおそらく思ったのだろう。サンタクロースさんを天辺に電球がピカピカ飾り立てられた樅ノ木のツリー。そして丸いちゃぶ台に白いレースを覆い、そこにクリスマスケーキが置かれ、家族皆で「きよしこの夜」を唄い、祝う。それが精一杯の異国から持ち込まれたわが家の〝文化〟であったわけで……。

「日星高校」は、それとは格段に違う真正の「異文化」であった。だから肩身の狭い思いをしたとも思わないが……。何しろすべてが見慣れぬことで、ある種〝奇異な〟風景ではあった。校長さまをはじめとして教師たちのほとんどが日本人の修道尼で、あの黒いベールがあちこちに闊歩していたのだから。もちろん私服を着た教師たちはいるにはいたが……。カナダ系の神父さまたちが時折御ミサを先導しに学校を訪れてみえた。そこには寮があり、全国津々浦々から熱心なカソリック信徒の子女たちが送り込まれていて、その多くが将来は修道尼になるべく運命づけられていた。彼女らは何ら屈託の無い顔で寮生活を日々営んでいた。宗教の時間に聞かされる校長さまの説かれる「公教要理」は一向に私の心に響いてはこなかった。信徒ではない私だから、あえて物申すといったことはなかった。妙だなと時折首を傾げることはあっても……。

隣には病院が併設されていて、そこではカナダのシスターたちが医療従事者として奉仕をされていた。やがて私は彼女らのお住まいに英会話を習いに足繁く通うようになった。パンをオーブンで焼いたようなかぐわしい匂いがほのかに漂っていた。ダイニングルームを覗くと、テーブルの上には布製のナプキンがリングに嵌められ、各自の席にきちんと並べられてあった。華美を一切排した、その簡素で清潔なお暮らしぶりがむしろまぶしかった。彼女らには〝個人〟としての生はない。だが何と闊達で明朗なんだろうと、一人ひとりのシスターの青い目を見入った。

そんな折のこと、或る日突然数学の教科担任でもあった伊藤先生が教室にやってきて、クラス担任が変わったことを皆に告げた。化学の教科担任であった吉国先生という女性教師がクラス担任でもあったのだが、その吉国先生が修道尼になるための誓願を立てられ、学校を去られたんだと言う。まったくの寝耳に水というか、誰もが驚いた。まるっきり〝神隠し〟みたいだった。彼女が神様に〝拉致された〟というのも変だが……。事実そんな感じで。もちろん彼女の意志の赴くところに彼女は行ったのだろう。そしてそれを彼らは〝召命〟と呼んでいる。誉れというわけで……。日常（ここ）から非日常（どこか別のあちら）へと越境したかのように、私たちの眼からその存在は掻き消された。その向こう、つまり信仰に生きるといった、自ら選んだあちら〝異界〟で、彼女は「シスター・ローズリン・吉国」としてその後を生きてゆく。ただただそれが不思議として記憶された。やがてその10年余も後にだが、奇しくも私は彼女に口ンドンの地で再会している。もはや何の繋がりもなかったのに、何故かふいと気まぐれに近況を書いて舞鶴の修道院気付で彼女宛にエアレターを日本に送った。それがなんとフランスへ転送された。当時彼女は彼の地での研修の真っ只中であったようだ。やがてそれも終えられて、日本への帰途ロンドンに立ち寄られたのであった。ロンドン郊外の或る修道院に私は彼女を訪れた。それはいかにも由緒のある貴族の館といった瀟洒な建物で、明るい陽射しのなかをご一緒に内庭のバラ園を散策した。久し振りの日本語で思う存分語らうことができた。そして彼女の〝その後〟を見届けた。そのたおやかで凛としたお姿が内なる光に照り映えるさまを認め、私は深く安堵し、かつ励まされたのであった。その折のこと、彼女のお父さまがその昔憲兵であったとも打ち明けられた。戦地から生還後、細々とした暮らしのなかで彼が忍んだ慙愧の念について も……。詰まりのところ、シスター・吉国は神に仕える身にあって、己の父親の〝無明〟を一途に背負われておいでなのであったろう。「非存在」という耳慣れぬ言葉を初めて伺ったのも彼女からであった。カソリックの信仰はさまざまな変革の波に洗われ、今や魂の救済は信者たち個々の内なる非存在を穿《うが》つといったふうに〝個〟のレベルへ降りてゆこうとしていた。そこに精神分析への接近が覗われ、何やら光明を覚えたのが忘れ難い。そしてそこで修道院長さまをはじめ他のシスターたちの慈愛のまなざしに包まれ、私たちはご一緒におもてなしの夕餉までいただいた。懐かしい想い出である。

振り返って思うに、まだ十代だった当時の私が、私たちの目の前から忽然と掻き消えた一女教師に強く愛着していたわけでは毛頭なかった。だがあの聡明な彼女が見つけたものが何であったのか、それが気掛かりであったわけで。またそこには一抹の羨ましさがあったのも事実だ。信仰でも信念でもいい、私も何かしら〝信(faith)〟と呼べるものが欲しいと願った。それは〝恩寵〟でないはずはなかろう。試練だとしても……。信徒になれない私なのだから、おそらく彼女とは別のかたちなのだろうが。どこに己の〝身の捨て場所〟があるやなしや。そうした〝信〟はどこにあるのか、何なのか。探しものが密かに始まった。誰にも相談せず、一人で悶々として……。その頃から、受験勉強に熱が冷めてゆく。まるっきり〝生け簀《す》の中のお魚〟みたいに靄《もや》がかった視界をひたすら睨んでいた。時間の意識などほとんどないままに……。

やがてその息苦しさから思い切ってポンと飛び跳ねたといった具合に、意外なところに私は居た。「愛知県立女子大学・児童福祉学科」に私の籍はあった。現在の「愛知県立大学・社会福祉学科」の前身だ。そこから幼稚園教諭の道もあったろうに、どうにか息が楽になった頃には、私は俄然「情緒障害児」とか「子どもの心理療法」とかに目が向いていた。二年目になり、「愛知県立大学」の社会福祉学科の教授として「大阪市立大学」からわざわざ招聘されてこられた本出祐之先生の講義を受け、「精神分析」というものに初めて触れた。〈精神分析とは、自己欺瞞を暴くもの〉といった概説書のことばがとにかく自分の胸にフィットしたのである。俄然〝己の身の捨てどころ〟を得たといった直観が閃いた。自分の未来をそこに見出した。さて誰に教えを請うたらいいものやら。取り敢えずは参考文献を漁った。手近なところで「臨床心理学」担当の蛭川栄先生の研究室からありったけの参考図書をごっそり借りた。児童心理臨床へと舵を取り、果敢に攻めていった。それにも飽き足らず、やがて参考資料がすべて原書ということになった。「ブリタニカ」を利用してアメリカから資料を取り寄せるやら、主にアンナ・フロイトが主筆だった*Psychoanalytical Study of Children*というジャーナル誌に飛びついて、それを借りるのに「名古屋大学」の教育学部の図書室に出掛けたり……。「名古屋市立大学病院」の精神科病棟にも赴き、医師の診察に立ち会うやら、そこで幾人か問題を抱えた子どもさんの相手をさせてもらうやら……。意気軒昂だった。そして、どうにか纏めたのが卒論「児童分析と子どもの精神病理——心理治療の原理についての一考察」であった。指導教官は本出先生で、それにその当時京都大学教育学部の博士コースを修了されたばかりで助手としてお越しの吉野要さんが付き合ってくださった。ありがたかった。本格的に勉強するならいつかは留学というのが念頭にあったが、取り敢えずはと「京都大学教育学部」の修士課程への進学を希望した。口頭試問があり、そこで〈あなたは将来どんなことをしたいのか〉と尋ねられ、〈児童臨床心理学を体系化したい〉と答えた。〈それは〝大家〟がすることですなあ……〉と倉橋主任教授がいくらか揶揄するようにおっしゃった。それで梅本教授始めそこに居並ぶ教授連がドッと笑った。だが結果から推して、とにかくその折の私の気概が買われたらしい。

いつか気がつくと、私は「京大教育学部」の地下の「心理教育相談室」のプレールームで、子ども相手に白衣を着て、嬉々としてセラピイに打ち込んでいたのである。助手の田畑治さんが感心したふうにおっしゃる。〈山上さん、セラピイを終えたときって、いつも輝いてますねえ！〉って。事実そうだろう。面白かったのだから……。だが内心は大いに躓いていた。治療プロセスの論理づけがまるでできない。直感めいた共感はできても、筋立てができないから、ともに言語的介入するスタンスを取れずにいる。ここに長居は無用。やはり本格的な児童セラピイの訓練を受けなくてはどうにもならない。そう思うようになっていった。

そこで父親に訴えた。日本の児童臨床の実態がいかにお粗末か、どうしても海外で本格的なトレーニングが必要だ、どうしても留学したいと私が言った折、父親は訝しげな表情をして〈事情はわかったけど、だけど何故チズコがそれをしなくてはならないのか〉と問うた。すぐさま〈それは、私にはやれる自信があるからよ〉と、臆面もなく私の〝内なる声〟は言い放った。だがもちろんそのままを直接父に言えるわけもなし、黙るしかなかった。要は、金の工面をどうするかということなのだったから……。

実はこの当時、私の母親は東舞鶴の或る肢体不自由児の治療施設で看護婦をしていて、職員同士の人間関係の難しさにほとほと憔悴していた。かつて看護学校を首席で卒業した程のなかなか出来物の母ではあったが、子育て期間と度重なる引越しでそのキャリアに長いブランクがあった。復職してから、さぞ難儀があったろう。それで私が母親の話を聞いてあげたことがあった（つまり〝模擬カウンセリング〟みたいなこと）。その折の経験から母親は、〈チズコには精神分析の才能がある！〉と単純に私を見込んだ。だから留学を支援するという構えでいた。〈秋田の実家から借金してでもチズコを留学させる〉と、母親は一図に迷わなかった。一方父親は元来几帳面な人で、人生やら家族の行く末を〝設計図〟みたいに堅実に緻密に考えていたわけだから、娘の海外研修留学などまったくの想定外で面喰らった。彼にしてみれば夢みたいな話でしかないわけだから、ただ戸惑い、白けて不機嫌に押し黙るだけ。それで当然ながら夫婦間に亀裂が生じ、険悪なムードとなっていった。ところが、その諍いの種なる当人の私はというと、〈子どもが育ってゆくことを援助するのが親というものだ〉と内心信じて疑わなかったから、こうした事態にも恬《てん》として恥じない。経済的な負担は二の次と思った。金など無いと言えばもちろん無いのであるから……。母親の口癖は「世のため、人のため」というのだった。それを盾にして、私は攻めまくったというわけで。とにかく何とかしてくれると親を信じたのだ。ここらの強気は今でも我ながら呆れる。オソロシイ！〈信念というのは時として傍迷惑《はためいわく》ともなる〉というのが私の持論の一つだが、つまりそれは私自身のことであり、そこには自戒の意味も込められている。今尚も当時を振り返り、わが両親には心のうちで何万遍も詫びている。

ちなみに、渡航費だが、往復の飛行機代が当時四六万円であった。ちょっと今では信じられない価格だが。なぜこの数字を覚えているかというと、可笑《おか》しなことがあったからだ。或る日、私は父親と一緒に、京都河原町四条の「田中彌」という京人形店の店内にいた。そこで一体の女の子の京人形に見惚れた。それがなんと四六万円の値が付いていた。それで傍らの父親に、〈お父さん、見て見て！　この人形さん、イギリスへの飛行機代と同じだよ。こっちにしようかな〉と、私が言った。彼は、〈そうしな……〉と冷たく言い放った。おそらく〈チズコの留学への固い意志などナンボのもんや！〉と内心せせら笑うところがあったろう。ところが能天気な私はその美に撃たれ、店を出ても、頭のなかはボオーッとしたままで、そのお人形さんと渡航費とがシーソーしている具合であったのだから、どうにも呆れる。しっかり者の姉は、そんな斑気《むらき》なところのある私なんかよりもぐんと父親に信用があった。口添えしてくれた。〈まあ、ちょっとばかし行かせてあげたらどうやろ……〉と。それでどうにか父親が折れた。旅費と小遣いとを用意してくれた。私は当時京都市職員であり、「若杉学園」の母子通園施設でプレイセラピストとして療育に携わっていた。そこを一年も満たずさっさと退職し、それで京都市から僅かながらも退職金が支給され、さらには園の皆さま方からお餞別ならびに心温まる激励の言葉を頂戴し、一九七二年六月、意気揚々と私は日本脱出を図ったのであった。

それから渡英後、確かに苦労したと言えば苦労したことになる。英語学校に通うことが何よりも優先されたにしろ、まずはオペア（家事手伝い）から始まって、住み込みで子どもの養育に携わるナニーやら、時折の臨時のベビーシッターやら……。しかしながらその苦労は、まさに〝確信犯的〟なものであって、つまりは将来チャイルド・セラピストの修業のために備えてという名目に適うものに限り、それ以外のことはどんな苦労も何一つしていない。当然そのツケは親に回されることになったわけで……。

さて訓練機関をどこにするかであったが、最終的にタヴィストック・クリニックに焦点が見定まるにも時間を要したが、マーサ・ハリスとの最初のインタヴューの予約をもらうのに六カ月以上も待たされた。ついに出会った頃には、私はあちらの人とのやり取りのコツもわきまえ、面接中その最後の辺りで彼女が何やら吃ったのを耳にしてアラッと思い、彼女のナイーブそうな印象に心が動いた。それにしても現実は厳しかった。コースへの希望者が殺到しており、つまり順番待ちで、だから取り敢えずのところセミナーに一つか二つぐらい参加することから始めてはどうかというのが彼女の提案であった。承諾するしかなかった。だが、トレーニングの期間は四年と思っていたから、これで一年延び、あと五年かと思うと、帰途涙がこぼれた。いい加減ホームシックにもなっていたのだから。ところがそれからしばらくして、タヴィストックから通知が届き、私は正式にフルタイムの訓練生として受け入れられた旨がそこに記されてあり、アレッと意外でもあり、でも嬉しかった。どうやらマーサ・ハリスに気に入られたみたいだと一瞬思う。それも、何よりも〝経験重視〟といった先方に〝受け〟を良くするために私が心掛けた〝戦略〟が功を奏したわけで、それも狙いどおりと思った。だが、相手に本気にされた時点で内心ちょっと慌てた。こちらも本気になることが求められているわけで。すなわちまずは親を説得し、援助を取り付けなければならないということになる。その頃には彼の地で労働許可証（ワーク・パーミット）を取得し、児童養護施設・ホリスでハウス・ペアレントのアシスタントの仕事に就く見込みだったから、まったく採算のない話でもなかったが。親にはもう平身低頭して拝み倒すしかなかった。家族の皆は感心するやら呆れるやら……。

そのうちもはや引き返すことも立ち往生も許されない事態となってゆく。マーサ・ハリスの推薦を得て、セント・ジョージ病院（St. Goerge's Hospital）の児童精神科病棟の訓練セラピストとして就職が決まった。そこで上司になったのが、マーサ・ハリスとは昵懇の間柄で、かつてタヴィストックでの同僚でもあったMr.ジョン・ブレンナーである。どうやら私は彼らに期待されているらしいということがジワジワと肌身で感じられた。前に進むしかなかった。まだ当時は私の意識では、クライン派なるものを他の流派と比べて云々できるには程遠く、ある種〝視野狭窄〟っぽい印象で、ただセラピイとパーソナル・アナリシス、それに折々の赤ちゃん観察やら「プレイグループ」の子どもたちの遊戯観察やらを行ったり来たりの日々であった。自分が随分と背伸びしているのは分かっていた。親にまるっきり経済的に凭《もた》れかかっていることの負い目で心が潰されるような、申し訳なさがあった。実際のところ、日本では両親間には私を援助する・しないで摩擦があり、母親のなかに長年溜め込まれていた父親への鬱憤も噴き出し、あわや離婚といった危機にも至っていたのである。姉がいつも執り成し役で、ことを収めてくれていた。私はロンドンから奮闘するさまを一部始終書き綴って折々にエアメールを送っていたから、一応私の事情は察していたとしても、家族は皆誰もが内心ただ呆れていた。

或る日のこと、遠路遥々《はるばる》日本からぎっしり懐かしいものがいっぱい詰まった小包が届いた。そこに一つカセット・テープが入っている。再生して聴くと、流れてきた音からどうやら家族揃っての団欒の場らしい。何やら皆がご馳走を食べながらべちゃべちゃとお喋りしている。やがて母親の声がした。〈(チズコを)世のため・人のためにするのもえらいことやなあ。ほんまにあの娘はそうなるんかいなあ……〉とポロリと本音を吐いた。家族皆がドッと笑った。ちょっと場がシーンとなり、それから〈ほんまに、あいつは分かってんやろか……〉と、姉がちょっと声を荒くした。〈分かってるやろ。今あっちで苦労してるんだから……〉と執り成すように母が応える。〈でもさ、行ったひとが得よね〉とボソッと妹の声。そして話題が別のことへと移った。そこで音が一旦切れた。やがてマイクに向かった姉がまっすぐ私に向かって語る。〈唯今のは、お父さんに盗聴マイクでやられました。今のが家族皆の本心です!〉と言う。皆がまたドッと笑った。その後ろでクスッと笑う父親の声が漏れ聞えた。遥かな異国に暮らす私を日々気遣う家族の心労を思えば確かにいたたまれなくなる。〈ああ、私って我がまま娘だわねえ！〉と内心幾度も呟いた。つまりのところ、父親の興した会社「舞鶴艦船サーヴィス」の月々の収益から私はピンはねしていたことになるのだから……。母親が郵便局から仕送りの手続きをしてくれた。毎月私のロンドンの宛先を慣れない英字で綴り、振替用紙に書き込みながら……。

そして結局のところ、〝放蕩息子〟ではないにしろ、この我がまま娘の私は、言うなれば〝一文無し〟で帰国したのだ。その後原宿で個人開業を始めるにしても、まったくもって親にとっては厄介至極な、世話の焼ける娘であったわけである。とことん彼らを自分のペースに巻き込んで、付き合ってもらった。付き合わしてきた。そうしながらも、親としての彼らの〝値打ち〟を知るようになってゆく。私の方にも親に信用されたいという、ただその一念だけがあった。そのことから私もまた、自分の〝値打ち〟というものを僅かながらも知ったとも言えるわけで……。そお蔭を得てどうにか徐々にだが、やがて親のどちらにとっても私は〝自慢の娘〟になってゆくわけだが。それがどれほどの安堵であったことか……。それでもどんなにどうしたって、親の恩に報いるなどできそうにないということを思い知るばかりであった。それから数多の歳月を経て、徐々に老いてゆく両親を看取る時期ともなり、〈これって、まるっきり〝鶴の恩返し〟だわねえ〉って内心溜め息混じりにぼやくこともあったけれど、姉そして妹から〈ご苦労さん！チズコさんのお蔭やわ……〉と言ってもらうことが嬉しくって、それを励みにどうやら踏ん張れたとも言える。

さて、英国滞在中、どんなに家族に呆れられようと笑われようと、彼らに愚痴をこぼすことなど決してできなかった。それでどんどんわけの分からぬ縺れた糸のようなものが内に膨れあがっていった。そんな折々に本出祐之先生が英国の福祉行政の視察にロンドンにお越しになられた。彼を相手に私は思いの丈を語った。日本語が迸った。先生は淡々と耳を傾けてくださった。それだけで充分に鼓舞される感覚を味わった。その個人レッスンの謝礼はいつも私の持参した和食の手料理であったのだが、とても喜んで食べてくださり、嬉しかった。本出先生は早稲田大学英文科のご出身で、英語には堪能でいらして、翻訳出版も『ケースワーク——心理社会療法』（岩崎学術出版社）、『家族ソーシャルワーク』（岩崎学術出版社）、『英国ソーシャルワーク史』（誠信書房）など少なくない。先生は、その風貌がいかにも古武士のようであったから、どうやら彼の地では〝サムライ〟と呼ばれていたらしい。生家は禅寺ということらしいが詳しくは存じあげない。精神分析の知識とか、臨床の知見という以前に、一個人としての堅固さが得難かった。物事に対し偏せず、さまざまな見方を見晴らす包括的視座が備わっており、決してブレない揺るがない方で、私は〝論理《ロゴス》の人〟として、彼に絶対的な信頼を寄せていた。かつては私の耳は彼の語る一言一句を聞き漏らさず、まるで性能のいいテープレコーダーが再生する如く、そこにそのまんまといった具合に彼の言葉が脳裏に浮かんだものだが、もはや今は何一つ記憶がない。墓参をしたくとも叶わない。心侘しい。ところが何でもないふとした瞬間に、自分のなかに本出先生が居ると感じることがある。何かの拍子に自らの内側の眼で捉えた己の眼の表情に本出先生が重なる。あえて申せば、〝理知的なるもの〟の片鱗といった、ある種の〝こころの所作〟なのだが……。そこに僅かなりとも私が彼の精神の〝剛直さ〟を摂り込んだ節が覗われ、心慰められる。訃報は、大阪市立大の彼のかつての教え子の一人で、私とはロンドン以来のご縁で親交のあった「家庭擁護促進協会」理事の岩崎美枝子さんから知らせを受けた。電話口で泣き崩れ悲嘆にくれる私を慰めようと、彼女が私におっしゃった。〈本出先生の一番のご自慢は、チズコ、あなたなのよ！〉と……。自分の教え子がタヴィストックに留学したということが彼にとってどんなに誇らしかったかと……。でもそんなこと、生前彼は私に一言もおっしゃることはなかった。われわれ二人の話というのは、いつも「比較文化論」に終始して、私的感情など一切触れることもなかったわけだし……。この方を師と仰ぎ、そして畏敬したことは私の誇りであった。それはロンドンの想い出として強く心に焼きついている。あの異国で私が孤独で錆び付かず、とにもかくにも意気軒昂さを保てたのは本出先生のお蔭なのであった。このわが師から私が学んだものとは、煎じ詰めていえば《無自覚の覚》と名付けられるかと思われる。「こころが〝充たされる〟ことを知っている」という私独自の解釈だが……。

それだからというのも変だが、全般的にどうも私は彼の地の人たちのどなたにも結局のところ〝懐《なつ》かなかった〟という気がしてならない。どれ程の恩義があるのか、それは重々承知していたとしても、どなたも私にとっては本出先生に比べるといくらかインパクトが薄い。どの方をも深く思慕することはなかった。距離を置いて眺めているふうで。マーサ・ハリスはちょっと別格ではあったけれど。ちなみに、タヴィで同期のアメリカ人のキャロラインなどは〈私、マーサ・ハリス、大好き！（I love her !)〉と言う。その単純さがむしろ羨ましかった。メルツァーもビオンもついに今ひとつで、茫漠とした印象を抱くのみで終わった。あちらでは当時何やら彼らが旋風を巻き起こしているらしいのは肌で感じ取れたが、私には現実味が乏しく、タヴィの人々の熱狂を遠巻きに眺めていただけなのだ。さすがフロイト以来の〝エディプスの末裔たち〟と言えばいいのだろうか。どうやら西欧的叡智の深い闇、すなわち〝ヒュブリス（傲慢）〟が煽られている。そうした懸念を覚え、居心地悪いのだった。そこに私は〝無明〟というものを朧《おぼろ》に嗅ぎとっていたとも言える。どうにも不遜に聞こえようが……。

ところで一九七九年秋の帰国後の私だが、決して孤立無援ではなかった。慶応義塾大学医学部の小此木啓吾教授とは、ロンドンで開催された「国際精神分析学会」(1975) に渡英された折以来のご縁があった。その後も折々にロンドンを訪れておいでで、一度などは私もご一緒にアンナ・フロイト宅を伺い、彼女を表敬訪問したこともあった。帰国をそろそろ考える頃に、帰国後の計画を尋ねられてだったろうか、私が〈でも、日本ではどなたとも繋がりがありませんので……〉と曖昧に答えたら、彼が〈私と繋がっているということは、大変なことなんですよ〉とおっしゃった。やがて事実はいささかその言葉通りというわけでもなかったけれど、取り敢えずは東京をわが臨床拠点としたのであった。とにかく親を安心させることが先決だったのだから……。たとえ此地で迎えられなかったとしても、それは致し方ない。何をしても生きてはゆけるとぼんやりと考えていた。悲壮感はなく、むしろアッケラカンとしている。いつしか私もどうやらいのちが逞しく、図太くなってきているようだった。所詮大きな期待や抱負を抱いたとしても無理は無理だった。職探しなどてんから諦めていた。今振り返ると可笑《おか》しいのだが、私のロンドンからの知り合いで都の福祉局の職員の方がいて、たまたまその方のご紹介で或る児童相談所の所長という方に一度お会いしたことがあった。〈どんな子どもの問題を扱われるのですか?〉と尋ねられ、即座に私は〈認識の問題です……〉と返答したのをはっきり覚えている。つまりのところ、精神分析とは自分という意識（無意識を含めて）の総浚《そうざら》い、言い換えれば自己点検であり、その要は〝認識愛〟でもって牽引されてゆくといったことがクライン派なのだから、全然悪びれない。だがあちらはびっくりした顔で押し黙った。ちんぷんかんぷんでどうも噛み合わない。あまりにも日本の現状そして臨床の現場から私はずれていた。そのずれ方も半端じゃない。相手に奇異の感を与えるに過ぎないのが分かった。そんな自分をどこへ売り込む気もなかった。小此木先生はご尽力くださり、あちこちお声を掛けてはくださったみたいだが、私のような心理職の変り種に恰好のポストが空いているわけもなし、結局は盟友・武田専先生（武田病院・院長）に私の身柄を託した。彼にとっての〝切り札〟というか、実は最初からそれしかなかったわけで……。週二回のパート勤務が始まった。取り敢えずはということで、そこに私は納まった。正直なところ私の思考回路はまだ英語であり、日本語の語り口もおぼつかないままに成人の患者さん相手の分析治療をさせてもらえたのだから実にありがたかった。そこでカルチャー・ショックも大いに味わった。己の立脚地がいとも簡単にひっくり返される。此地に私は〝誰にも用のないもの〟を持ち帰ってきたのだろうかとの不安が脳裡を掠めた。このままでは無用の長物で終わりそうなといった危惧は絶えずあった。そうした焦慮に駆られながらも、原宿駅から徒歩七分という地の利を活かして着々と個人開業（プライベート・プラクティス）の準備に余念がなかった。自分がどうなってゆくのか保証はない。だが誰かに保証してもらうことでもないだろうといったわけで……。そこで俄然児童臨床から成人を対象とする分析治療へとギア・チェンジし、私は未来の「分析の子どもたち」を募った。舞鶴に居た私の両親は内心やきもきしただろうが、黙って成り行きを静観してくれていた。

私にだってここからの未来は予測しかねた。誰にも自分のやることについて説明しようがない。だから失望させないためにも、また期待もされないようにと、大概の彼の地の人たちとのご縁も絶ってゆく。クリスマス・カードのやりとりはしばらくの間続いたが……。帰国後一度メルツァーとマーサ・ハリスご夫婦にクリスマス・カードを差し上げたことがあった。メルツァーからカードが届いた。それはもう手許にはないが……。確か、〈ご自分のフィールドにおいて存分に力を発揮されるように祈っている〉といった、どっちかというと素っ気無い文面で。それ以上の期待感が書かれていないことにむしろ私は安堵した。あの当時、彼の著述したものの翻訳出版など、思いも寄らなかったのだから……。まだまだ私の日本語はただたどしかった。臨床の場で使える言語、日本語の「精神分析的言語（psychoanalytical language）」がいつ流暢に湧き出てくるものやら、それは時を掛けて待つしかなかった。〈日本語で精神分析的に思考するということ、それは分析セッションの場のなかでしか醸成されることはなかろうと……。

小此木啓吾先生は、日本精神分析の伝統を継承する第一人者としての自負と気概に溢れ、その精神分析への憧憬には烈々たるものがあり、あの当時外来の新思想を貪欲なほどに摂取なされていた。そしてどうやら私をもまた一つの“接木”として、その将来を嘱望されておいでのようだった。今もはや誰の記憶にもなかろうかと思われるのだが、先生は『ビオン入門』（岩崎学術出版社［1982］）の「監修者まえがき」に語っておられる。〈……現在の私にとっての課題は、山上女史の語る言葉を読み取ることのできる言語環境を逐次わが国につくり上げる仕事である。本訳書がこの仕事の第一歩となれば幸いである……〉と。これを眼にしたとき、私はもう身の竦むような思いで尻込みしてしまう。私自身まずは此地に根づくことであり、だからここで座り続けることとしか考えられなかった。彼の地での人脈とも疎遠になり、此地での精神分析の伝統をいくらかは承知していても、それとは無縁をとおした。孤塁を守るしかなかった。小此木先生はそんな私を、日本における精神分析のパイオニアで、在野の一開業医であった、かつての師匠・古澤平作先生にどうやら重ねておいでで、〈原宿仙人〉と私をお呼びだった。それが一九八〇年代の私である。そして多くの歳月が流れてゆき、二〇一〇年の「開業三〇周年記念」を期に、WEBサイト「山上千鶴子のホームページ」（http://www.chiz-yamagami.com）を立ち上げ、ようやくにして私はそこから精神分析を外へ向けて語り始めた。そろそろ誰かに手渡せるものなら手渡したいという思いに促されて……。いつ頃からか、小此木先生の周辺はタヴィストックから戻られた新進気鋭の若手で賑わっていた。私はといえば、ひっそりと〝隠遁者〟と噂され、そのように此地に根を張ることに手間取っているうちに惜しくも二〇〇三年に小此木先生は身罷《みまか》れた。生前先生は私の書く拙い文章をとてもお喜びになられた。いつか私が何か書いてくれるものと待ち望んでいらしたのは事実と思われる。だが、ご存命中、小此木先生のご期待にはまったくのところ何ら応えられないままで来てしまった。そのことが恨めしい。それで今になって、どうにか何かしら文章が書けてWEBサイトにアップロードする度に、ぜひとも誰かに読んでもらいたいと思うときなど不意に小此木先生のお顔が浮かぶ。まことに時遅しなのだが、ご案内できたらどんなにお歓びくださったものか、そして誰よりも真っ先にお読みくださったろうにと悔やまれる。

よくぞ生き延びたと思う。ここでひとまずすべてが終わってから言うのも今更ながら気が引けるというか、まったくもって狡《ずる》いとも言われそうだが……。実のところ、彼の地での精神分析の修業なるものは決して「世のため・人のため」などではなかった。『歎異抄』のなかの親鸞の〈ひとえに親鸞一人がためなり〉の言葉に出会い、正直〈私もそうだ。私一人が為だった〉との実感がふつふつと湧き上がった。あちらは「弥陀の本願」というわけで、こちらは「精神分析」、それもクライン派の「結束する親対象（combined parental object）」だからその違いはあれ、どうやら似たものに思われる。どちらにしても〝呼び掛ける声〟が聞える。いずれにしても、その招きが〈ひとえに我一人がため〉というのは胸を衝く。内心そら恐ろしくもあったけれども……。

実に私自身が問題だったのだ。ずうっと幼い頃から私には生きることに不安があった。息切れしそうで、危ういと感じていた。どうにも斑気《むらき》というか、何よりも胆力が無い。不甲斐ない私がいる、そんな心もとなさである。こころの内に巣食う怖じ気を私は深く憎んだ。己のごまかしやら騙しが許せなかった。そして自らのうちで自らを挫かせるものが何か、それを真に知らねばならない。そうでなければ私は生きられないと密かにどうやら考えていた向きがある。この私という脆弱ないのちに梃入《てこい》れする何かが、そして誰かが必要であった。探しあぐねるうち、それまで聞いたこともなかった「情緒障害児」・「子どもの心理療法」、そして「精神分析」といった言葉たちに出会った。それらに〝手招き〟をされていた！　まるっきり夢遊病的にふらふらとそっちに魅せられて迷い込んで行ったみたいな具合だが……。ここからやがて気がつけば、彼の地に飛び、やがて《クライン派精神分析》へと導かれていた。マーサ・ハリス、それにドナルド・メルツァー、そして彼らの率いるグループの面々との出会いである。それもどこか単なる〝偶然〟と私は思っていた。しかしながら、やはりそれは違う。

今彼らのこの共著を手にして、改めて或る感慨を覚えた。マーサ・ハリスにしてもドナルド・メルツァーにしても精神分析に強い〝帰依〟意識がある。そこには〈ひとえに我一人がため〉の恩寵（privilege）を自覚し、その〝信（faith）〟があればこその〝楽観〟がお二人には備わっておいでだ。それは周りの誰と比べても引けを取らないし、むしろ数多の著名なる分析家のなかでも稀有な、そんな印象があの当時から私にはあった。まさにこれこそが「起点」といえよう。親鸞がそうであったように精神分析もここから始まりがあると思ってはいけないだろうか。そしてその次への転換、〈同朋《どうぼう》への呼びかけ〉がある。すなわち「世のため・人のため」ということになる。真に帰依したがゆえに、それによって自己は〝働くもの〟となる。そしていつしかその自己から他を動かすものともなろう。それが当為となる。仏教ではそれを〝廻心《えしん》〟というらしい。彼らはおそらく「社会的責務（social obligation）」といった言葉を使うであろうが……。親鸞のいうところの「同朋《どうぼう》」への呼びかけの声、それがこの書を貫いている主旋律であるように思われる。〝親なるもの〟の「願」ともいえるだろう。まさにその〝働き〟を有している。精神分析がいのちを孕む基点とはまさにこの自覚にあるとはいえまいか。個は個として、尚も互いが相共に働き合うのである。精神分析の精髄とは、それに尽きるように思われる。

マーサ・ハリスはこの共著に携わったあと、その翌年には論文〝Tavistock model and philosophy〟(1977)を書きあげている。もうこの時点ではオックスフォードへの移転は本決まりであったかと思われる。いずれ「タヴィストック」を去ることを念頭に、シェイクスピアのソネット集のページを繰りながら、「時」のもつ破壊力すなわち忘却を思い、それに抗して記憶の継承はどのように託されるべきかを憂慮なさり、タヴィストックの〝モニュメント〟としてこの論文を書かれた。言うなれば、私たち後を継ぐものたちに手渡された《遺書》でもあったろう。今ここで語っておかなければという彼女の切迫した思いがそこに滲んでいる。ちなみに、私が「タヴィストック」でのチャイルド・サイコセラピスト養成コースを修了し資格認可を受けた折、彼女はその柔らかな微笑をたたえ、〈チズコは日本に戻られたら、パイオニアになりなのね〉とおっしゃった。彼女は私の未来に何を夢見たのだったろうか。もはや手の届かぬ遠い異国で孤軍奮闘するであろう私の姿を一瞬思い、そうした未来の私にレスペクト(respect/敬意)を惜しまなかったものと思われる。そこではもはや「タヴィストックの伝統」も、彼女個人ですらもはたしてどこまで意味を持つものやら心もとないのは重々承知していたものと思われる。だから去り行く私に対して彼女は飽くまでも慎み深く謙虚であった。私もまた何ら返す言葉を持たず、ただ曖昧に微笑したのみであったのを覚えている。帰国後の私の未来なぞ実に曖昧模糊としたものでしかなかったわけで、それにあの頃の私には彼女の胸中を思い巡らすほどの心の余裕などなかった。そしてその後の長い歳月、彼の地は忘却の彼方へと遠ざけられ、私はマーサ・ハリスを振り返ることも久しくしてはいない。まるで〝記憶喪失者〟の如く……。

一方のメルツァーはと言えば、すでに論文〝Toward an atelier system〟（1971）がある。精神分析が職業化してゆくことへの弊害。研修制度が硬直化し、資格づけによって志願者本来の熱意が削がれるといったことやら、体制に絡み取られ、飼い馴らされてゆくことへの危惧感やら……。それで広く門戸を開放せんとする心意気に溢れている。そんなふうに彼はその独自色を強めていっていたわけで。この著述（1976）もまたそうした流れの一つに思われる。そこにはまた、精神分析の未来に夢馳せての彼らなりの決断が覗われる。「エスタブリッシュメント（クライン派権威筋）」との亀裂も覗われよう。それなど、私と関わりがあろうはずもないと思っていた。だが今は違う。

さて、帰国後の私はいつの頃からか旧約聖書を読み耽っていた。ブーバー研究家としても著名な宗教学者・植田重雄先生（早稲田大学名誉教授）との奇しき邂逅があり、深く傾倒した。「朝日カルチャーセンター（新宿）」からやがて「早稲田奉仕園」へと場所を変えたが、さまざまに啓発され、大いなる内的促しをいただいた。銀座の「教文館」でヘブライ語に親しむ契機を得たのもその一つだが、それも偏に精神分析の根幹にある「ヘブライ的思惟」なるものが私の内で切実に希求されていたからなのであった。旧約聖書、殊に預言者のことばは私の心に深く沁み、烈しく揺すぶられた。人は神に背き、性懲りなしに悔い改めることを知らない。それでも神は深い嘆きでもって訴える。〈あなたの名を呼ぶ。あなたを贖《あがな》う〉と……。イザヤ書の神のことば、その悲痛なる声に胸打たれた。ああ、人間というものはとことん神に背《そむ》くものなのだ。だが、そこにこそ人間としての自由がある。これが〝聖書の民〟と言われるユダヤ民族の精髄なのだと知る。フロイトをはじめ多くの傑出した人材を輩出した所以がここにある。彼ら民族の底力に突き当たった気がした。〈子どもというのは親に背《そむ》くもの〉というのが私の持論の一つだが。それはここから来ている。それでも尚、その親に名を呼ばれることなくして子に安心はない。親からの赦《ゆる》しがなければ心は荒《すさ》む。この自己撞着を生きているのがわれわれ人間であろう。そこで、この「贖《あがな》い（redemption）」ということばに痛く執着した私がいるわけで。そこでクライン派の空白のページに書き足すことにした。抑うつポジションの後に「贖いのポジション（redemptive position）」というものを……。「贖われる・贖う」ことへの積極的な意味づけである。この〝親なるもの〟との内なる邂逅にしか突破口を見出せなかった。日々の臨床のなかで見えるのは底知れず深い漆黒の闇であったのだから……。おそらくこの「弥陀の本願」にも一脈通じるであろう〈あなたの名を呼ぶ。あなたを贖う〉との〝親なるもの〟の言葉が命綱であった。〝親なるもの〟を心の内に頂いた臨床家というものは、そのためには〝手〟を持つこと、〝心〟を持つことが問われてゆく。〝言葉〟を持つことに負けず劣らず……。ここに、まさにW・R・ビオンの貢献があると言えよう。「肯定的な投影同一視（positive projective identification）」、そして「コンテインメント（containment）」など……。クライン派も一九七〇年ごろから徐々に風向きが随分と変わってゆくのである。マーサ・ハリスもドナルド・メルツァーも、まさにその〝風〟に乗った。それも、彼らほど苛烈だった人はいなかろう。クライン派でも彼らほど「combined internal parental object（内なる結束した親対象）」というものを理念の中核に据え、それと一体化し、実践に赴いたひとたちはいなかろう。オックスフォードを拠点に、彼らの海外講演旅行、そして執筆・出版活動が精力的に展開されてゆく。それも〝同朋〟への呼びかけであったろう。そう思えば腑に落ちるのだ。〝親なるもの〟に帰依し、それに促され、親なるものとしての〝働き〟をする。つまりは、彼ら自身がやがて〝贖いの器〟となったと言えるのではなかろうか。このように精神分析家というものが〝働くもの〟といった観点を持つことを愛でたい。その実践書の一つがこの書であろう。

この書に綴られているのはおそらくメルツァーの文体だろう。精巧で緻密な論理に貫かれている。だが、そこには熱き思いがある。それを汲み取ろう。精神分析の恩恵をごく一部の限られた人々に封じ込めず、広く世に光をもたらすものにしなくてはといった彼らなりの〝願掛け〟であり、まさにその用意周到なる実践書と言えなくもない。

これまで精神分析は〝人のため〟になるとしても、はたして〝世のため〟になるかどうかという点はまともに論議されてこなかったのではないか。今日人と人とは因縁《えにし》を持ち合うことに希望はあるのかという問いかけが頭を擡《もた》げる。だからこそ家族も地域コミュニティ（社会）も視野の内に入れる必要がありそうだ。個人主義が市民権を得た現代においても、個々は家族そして社会と綯《な》い交《ま》ぜになり縒《よ》り合いながらの現存であることは否めない。そこにおいてはどうやらマルティン・ブーバーのいうところの〈われ－なんじ〉の関係性の具現化という視座、また殊さらに〈〝親なるもの〟の陶冶〉といった課題が必須として希求されてゆくように思われる。誠実（sincerity）が涵養されるか、或いは偽善を孕み、不実という罪が蔓延《まんえん》してゆくか、彼らの透徹したまなざしが注がれている。まさにここに〈個人・家族・社会共同体〉それぞれの関わりについて微視的および巨視的な視座が展開され、論究されている。何やらわくわくと心躍る。そもそも精神分析的恩恵を広く一般社会に還元したいというのが彼らの悲願でもあったわけだが。この書において〈精神分析は、「世のため・人のため」に果たしてなるや否や〉という問いに応えて敢然と〈然り（ＹＥＳ）！〉が唱えられている。この論文はその意味で実に野心作といえよう。

ちなみに、私は心密かにメルツァーを先鋭的な〝近代的ヘブライ人《びと》〟と呼んでいる。彼は此の世に〈われ－なんじ〉の人格的交わりの実現化を祈願し、そのために此の世に蔓延《はびこ》るあらゆる〈われ－それ〉の関係性（すなわち他の人間を一個の事物にひとしいものとして手段化するといったこと）に徹底して糾明のメスを入れ、弾劾する。例えばその一つ、あえて名指しされておらずともナチ政権下でのドイツが髣髴する。不実、欺瞞、虚偽、冷酷無比、それら底知れぬ深い心の闇、いわば悪の実在性を知ることにメルツァーは勇猛果敢である。そこに容赦ない峻烈さを発揮する。それにマーサ・ハリスの心性に深く根ざす「共同体精神（communality of spirit）」が呼応し、さらに梃入れする（その若き教師時代にマルティン・ブーバーの対話に基づく教育理念に触れ、強く感化されたということも大いにあり得よう）。子ども個々の生を、それを抱える家族、教育現場そして社会共同体といった環境に位置づけ、そこに〈われ－なんじ〉の人格的対話的交わりが連携され、相互に培われることの理想がここで謳われている。飽くまでも個としてのそれぞれの人格性（パーソナリティ）の自由闊達さが祈念されている。断じてそれは拘束やら硬直化へと堕することがあってはならないという戒めがある。

そして、ここにメルツァーの文章を目で辿りながら、ふいに〝欣喜雀躍〟という言葉が脳裏に浮かんだ。思わず笑みがこぼれた。メルツァーにとってこれを書き著すことはどれほどの喜びであったろう。傍らのマーサ・ハリスと共に語らいながら、彼は己の〝内部の声〟に耳を傾け、その対話から促され導かれたものを諄々とわれわれに説いてゆく。彼の裡に潜む深い安堵、そして喜悦が感じられた。それからふと思い出したことがある。メルツァーはかつてこんなことを語っていたらしい。自分は〝種撒く人（the sower）〟であり、マーサ・ハリスは〝耕作者（the cultivator）〟であると……。その意味でもこの共著は豊饒なる彼ら共有の〝実《みの》り〟の一つともいえよう。彼ら、この〝最強の二人〟ともいうべきカップル、それはまことにわれらにとって〝親なるもの（parental couple）〟の名に相応《ふさわ》しい。それの有する〝願〟をわれらもまた心の内に摂り込み、生かし続けてゆくことが、〝人のこころの育ち〟を支援するわれら専門職の実践において必須課題になろうかと思われる。

精神分析は、それぞれ個々に自《おの》ずから〝願掛け〟となることが期待されてゆくというのが私の持論の一つだが、それがどのようにして現実味（reality）を持つかが問われてゆく。理念ではなく、実践、つまり〝働くもの〟としてなのである。メルツァーおよびマーサ・ハリスというお二人が自らの生涯を振り返り、親なる内的対象への〝信（faith）〟が精神分析に携わることでこそ醸成されたことを悟り、尚も切磋琢磨し、やがて己のいのちの終焉を迎えなくてはならないとき、その想いが次の者たちのいのちへの呼びかけとなるのは必定であったろう。おそらく精神分析家としての彼らの臨床に根差した知見は、〈人は何のために生きるのか〉と問うとき、それは〈〝親なるもの〟を心の内に陶冶せんがため〉といった答えに突き当たったのではなかろうかと思われる。そうした素朴な〝願〟を携えて日々励むのがわれわれ人間というものではなかろうかということでもある。そして、人と人とが出会う場において「親なるもの」は働いている。そして働いてゆくのである。もしあなたが親になれたなら、家庭のなかで親として、もしあなたが教師になれたのなら学校の現場で、そして心理臨床家ならば臨床の場で……。それぞれの持ち場でということになろう。彼らお二人もそうであったと思うことは私にとってどれほどの慰めか。斯くして、ここに「私の成り立ち」を綴ったわけだが、遥か時空の隔たりを越えてみたとき、振り返ると何とそこに彼らとの因縁《えにし》があった。この彼らの共著はそうした記憶を呼び覚ます一つの契機となった。私にとって亡き両親（山上昇・ツルエ）は一番身近な〝同朋〟であったと言える。掛け替えのない人たちであった。〈誰かの子どもであることの嬉しさ、またひとの親になることの幸せ〉を教えてもらった。そしてマーサ・ハリスおよびドナルド・メルツァーにもまた……。それら尊き因縁《えにし》を喜びたい。深い感謝の念を込めて……。

さて、最後に一つ付け加えておこう。監訳者の木部則雄氏は、この巧緻な論理で構築され、卓抜な構成力を持つ文章が日本語訳されても読者が今ひとつ感興を覚えないのではないかと危惧され、私に「解題」を依頼された。もちろんその任ではないと一旦はお断りしたわけだが……。この書は言うなれば、新鋭の「パーソナリティの発達理論」である。心の痛み（mental pain）を真正面から採り上げ、それを主軸として展開されている。徹頭徹尾〝内面〟重視である。実にユニークな書であり、多くの人にとって耳慣れない〝新しい言語〟ともいえよう。ここには、学校現場に限らず、それぞれ異なるフィールドで対人援助に携わる専門職の方々に向けて、クライン派精神分析家の臨床知見を背景とした基本理念が提言されている。対人援助の技術に梃入れし、その裏づけとなるところの価値理念は必要不可欠であろう。だが、われわれ日本人には最も関心が薄い。この視座を借りて、実践的な援助技術がさらに試されてゆくことも有意味かと思われた。ワーク分野などにおいて、それぞれ家庭、教育現場そしてファミリー・ソーシャルそれぞれに臨床実践のなかで何やら気づきが拾えそうではないか。プロとしてのセンス、またそれぞれ個々人のセンスが問われてゆく。はてさて、興味は尽きない。ところで、この書には実にクライン派のエッセンスがふんだんに盛り込まれている。臨床知見もギュッと圧縮されて詰まっている。含蓄がある。だが、それを味わうには読み手の咀嚼能力が試される。それらはどう説明されても今ひとつ何だかしっくり来ない、全然イメージが湧かないといったことになりはしないか。この本をなんとか面白く読んでもらうのにはどうすればいいのかと苦慮なさっておいでの木部氏に応え、私個人としては今こそわれわれのうちの〝親なるもの〟が覚醒されて陶冶されてゆくこそが必須と思われ、それを大筋のテーマとして大胆にもこのような「私語り」

をあえてここに公開する運びとなった。私の意図はそれ以上ではない。常日頃、木部氏は児童臨床の現場で、わが国の子どもたちがそして親たちもまた疲弊し枯渇してゆくさまに立ち会われておいでで、この日本の現代というものの底知れぬ混迷の闇の深まりにいよいよ危機感を募らせ、憂慮されておいでなのを伺い、私もまたそれに呼応し、その意向を汲んでこの「解題」に取り組んだことになる。それで実に思いがけず、「私の成り立ち」が見えてきた。ほんとうに昔々を手繰り寄せ、感慨に浸り、私はいろんな人に出逢ったんだなあ、そしていろんな人に育てられたんだなあと、しみじみと素朴にただ嬉しかった。それら誰も彼もが、大人もそして子どもらも、私の中でいつしか〝親なるもの〟となっていた！　そして現に生きており、尚これから先も、私は彼らによって生かされてゆくであろうと信じられたのである。こうした「内なるファミリー（inner family）」の絆、即ち〝いのちの繋がり〟を心の深奥に携える一人の心理臨床家として、私はこの道を着実に一歩一歩踏み固めながらわが歩みを進めてゆくことを祈念している。そして、まことにこれこそがこのメルツァーとマーサ・ハリスの共著で彼らが言わんとするところの骨子でもあろうかと思われる。斯くして、ようやくにして彼らに出逢えたようで、何やらわが身内を一瞬深い安堵が駆け巡った。

草叢にコスモスの花の揺れる初秋を迎えて

二〇一六年九月

訳者あとがき

木部則雄

本書は二〇一三年、Harris Meltzer Trustよりメグ・ハリスの手になる*The Educational Role of the Family : A Psychoanalytical Model*として発刊された。本書の本文は*Sincerity and Other Works : Collected Papers of Donald Meltzer*（1994）に章立ては異なっているが、収録されている。

本書の翻訳は、三、四年前に池上氏の起案によって始められたものであり、当初は田中健夫氏、松本千夏氏の三名で翻訳作業を行い、私が監訳という立場で関わることになっていた。しかし、本書は元々ユネスコからの依頼原稿であり、文章は論理よりも試案に基づく散文調であり、一つひとつの概念も既知が前提とされているために、翻訳は困難を極めた。また、本書には多くの訳注が付記されているが、これは欧米人の知識人であれば常識といえることを補っている。そのために、翻訳作業が遅れ、解題を依頼してあった山上先生には多大なご迷惑をかけることになった。池上氏らのドラフトを基にして、急遽私と池上氏で分担し、私は本文の第1章から第5章まで、池上氏は本文の「はじめに」、第6・7章と補遺Ⅰ・Ⅱの翻訳を行うことにした。翻訳文の文責はそれぞれに負うことにした。

本書のタイトルはそのまま訳せば「家族の啓発的役割――精神分析モデル」ということになるが、家族・コミュニティのなかの子どもということを勘案して、「こどものこころの環境」とした。これは山上先生の示唆に啓発されたものであるが、こころの環境は心的世界よりも環境に重きを置く本書にふさわしいものと考えた。サブタイトルは「現代のクライン派家族論」とした。

解題はメルツァー、マーサ・ハリスより直接に指導を受けた山上先生にお願いした。これは本書を読むための知的な解説といったものではなく、自由な立場で一任した。この解題はご自身を俎板の上に載せて、自らの苦悩や思索、家族のサポート、英国での教育やコミュニティ、そして帰国後から今に至るまで、まさに本書の主題である「家族・コミュニティのなかの子ども」についての自由連想による力作であると感銘を受けた。これが本書の内容に彩を加えてくれたものと深く感謝する。

本書が一冊の本として発刊された経緯については、メグ・ハリスの「はじめに」をお読みいただければ十分であるが、すでに英国や欧米先進国では一九七〇年代から子どもを取り巻く家族やコミュニティというテーマが大きな問題となっていたために、本文はユネスコからの調査研究報告書として作成されたものである。さらに、この問題は現代社会ではより顕著に表面化し、欧米各国だけでなく、わが国でも子どもに関わる専門家が直面する大きな問題になっている。日々の臨床で痛感するのは、家族や教育機関の機能の低下、隣近所などのコミュニティの崩壊である。また、マスコミなどの報道機関は児童虐待による悲惨なニュースと法的処置の不備についての報道が多く、児童相談所などの子どもの専門機関はお役所的な防衛的態度と書面作成という事務作業に忙殺されているように感じる。また、こうした機関で行われるセラピーは、マニュアル化された一応の評価が画一的かつ簡便にできるものがほとんどである。ここには、子ども自身の心的情景、子どもを取り巻く家庭やコミュニティといったこころの環境などの個別性がほとんど無視されているように感じる。つまり問題は、子どもの専門家にこうした子どもに関する見識や智慧のないことである。

本書のテーマは子どもの素因だけでなく、家族とコミュニティの機能である。特に家族の機能の崩壊など、昨今の大きな問題である。特に家族の機能に関しては、この頃まで従来のクライン派の精神分析の盲点であった。クラインはアンナ・フロイトとの論争で、子どもの素因か環境かという論争を繰り広げた。クラインが両親の機能を無視していたわけではないが、論争の白黒のためにこのように集約されている。メルツァーとマーサ・ハリスはほとんど初めてクライン派の分析家として、家族の機能に焦点を当てた。原書のタイトルを直訳すると「家族の啓発的役割――精神分析モデル」となることからも明らかである。また、本書の精神分析モデルはコミュニティ・家族のなかの子ども（the child-in-the-family-in-the-community）としてそれを拡大化して発案された。

本文はとても短いものであり、これだけ広範囲なことを論じるには不十分であり、決して本書は親切なものではない。

まず、第1章では、こころの六つの次元として、クライン派の精神分析を総括し、メルツァー独自の地理的次元を加えている。これはその後の『閉所』に集約されている。さらに、ビオンの「経験から学ぶ」ことから、いかに多くの人たちが経験から学ぶことが困難であるかを記している。

次の第2章のコミュニティ・家族のなかの個人というモデルが本書の中心である。このモデルはクルト・レヴィンの「生活空間」について、メルツァーが考案した図である。同心円状の六つの環は、その人に関連する個人や社会組織のなかにある多水準に及ぶパーソナリティ機能の全体構造を示している。

第3章のコミュニティ、第4章の家族という組織体の基底的想定レベル、第5章の家族の組織体で、この詳細な説明が記されている。メルツァーはクラインの「結合両親像」とビオンの「基底的想定」を用いて、コミュニティと家族について考案している。クラインはフロイトの原光景を洗練した「早期エディプス状況」を提唱したが、ここで両親の性関係性に注目し、結合両親像を概念化した。結合両親像には、性関係を貪り新たな赤ん坊を作り、子どもの存在を脅かす迫害的両親像から、創造的な性関係により新たな赤ん坊を作り、子どもを敬い続ける両親像まである。このスペクトラム的な結合両親像をロナルド・ブリトンは洗練化して、三角空間の概念を定式化した。メルツァーはこの概念に加えて、ビオンのコンテイナー／コンテインドの関係についての「共在的」「共生的」「寄生的」の概念を咀嚼して、コミュニティの理解のために応用し、そのオリジナリティを明確にした。次に、メルツァーはビオンの基底的想定を家族に適応し、依存、闘争－逃避からペアリングに至る過程を記した。これは家族の自然史として卓越したアイデアであり、その変化に基づく家族の形態の変化を論じている。さらに、そのアイデアを展開して、第5章の家族の組織体となっている。健全な家族の機能は抑うつ的苦痛をコンテインし、愛情を育み、希望を促進することである。しかし、これは理想的な家族であり、憎悪が流布され、絶望の種が撒かれて、迫害不安が投影され、混乱の渦中に陥ることもある。この視点から、本章では家族の類型化がなされ、カップル家族、父権的家族、母権的家族、反社会的家族、反転家族とされている。この類型化はまさしく臨床的な知見からしても適切なものであると思われる。特に、現代の家族の崩壊を論じる際に、反社会的家族と反転家族は重要なものである。反社会的家族（The gang family）は自己愛的であり、コミュニティと健全な関係性を形成することはなく、その権利を貪り強奪していく。これは現代でいえば、モンスターペアレントに相当し、しばしば教育機関などの悩みの種になる。さらに、反転家族は親子関係が反転し、両親が本来の親機能を発揮できない家族であり、これも現代の大きな問題であるネグレクトを中心とする虐待の形態を示唆している。これは経済的に貧困であるという片親家庭だけでなく、裕福な共働き家庭にもみられる。反転家族では、子どもは子どもでなく、小さな大人として振る舞い、ほとんどは思春期までに精神的破綻を来たし、不登校などの大きな原因となっている。現代社会では働き手は父親だけでは不充分であり、教育費などを含めれば母親の就労が必須であり、共働きは当然の社会変化である。これはコミュニティがどれだけこうした支援ができるのかというテーマでもあり、保育所の待機児童問題はこの典型的な例であろう。ただし、これは器という政治的な政策ではなく、内容の充実を伴うものでなければならない。

第6章で論じられる個人のパーソナリティ組織体では、求心的に再度パーソナリティについて考察している。ここではビオンの精神病パーソナリティと非精神病パーソナリティとして区分したパーソナリティ論の展開がなされ、メルツァーはパーソナリティの社会的関わりとして、七つのタイプを挙げている。こころの大人の状態、こころの両性的状態、こころの男性的状態、こころの女性的状態、こころの男性的-非行的状態、こころの女性的-非行的状態、そして、こころの逆転（あるいは倒錯的）状態である。七つのタイプの各々について、それらの内的および外的対象に対する特徴的な関係、ならびに社会的構造のさまざまな次元とともに、中心的な構造、および破壊的で統合失調症的な部分の周辺的役割を示している。このパーソナリティ論は本文のまとめとして、総括されている。

補遺として、本文で触れられていない学校に関して、マーサ・ハリスとその亡き夫であるローランド・ハリスによってなされた学校領域での教育とカウンセリングの経験を掲載している。この業績は、一九六八年のタヴィストック・クリニック（Tavistock Clinic）におけるスクールカウンセラー課程の設立として結実した。大胆かつ独創的なこのモデルのねらいは、添付している図解が示しているように、子どもにとっての外的存在および社会的存在の同心円における子どもが利用可能な多様な学びのモードを、純粋に精神分析的視点（内的現実について）から記述している。

本書はある意味、かなり短期間での翻訳であったために、多くの不備は覚悟をしているが、本書の真意はわが国の子どもたちが直面している現実を適切に語ることにあると考えたために、この秋での発刊を決意した。私の担当部分に関して、白百合女子大学大学院の根本泰明さんと脇優花さんが難解な翻訳文を読むことに協力してくれたことを、とてもありがたく思っている。池上氏の担当部分については、ＳＢＩ大学院大学野間修教授と総合政策研究所の上野悦司副理事長に翻訳文の見直しに協力いただだいた。また、金剛出版の藤井裕二さんには、かなり無理な出版計画に協力していただき、深く感謝している。最後に、本書によって子どもに関わる専門家が啓発されることを切に望む。

二〇一八年九月

猛暑が和らぐ早秋の荒木町にて

文　献

Bion, W.R. (1961) *Experiences in Groups*. London : Heinemann.（ハフシ・メッド＝監訳（2016）集団の経験――ビオンの精神分析的集団論．金剛出版）

Bion, W.R. (1962) *Learning from Experience*. London : Heinemann.（福本 修＝訳（1999）精神分析の方法1〈セブン・サーヴァンツ〉．法政大学出版局）

Bion, W.R. (1963) *Elements of Psychoanalysis*. London : Heinemann.（福本 修＝訳（1999）精神分析の方法1〈セブン・サーヴァンツ〉．法政大学出版局）

Bion, W.R. (1970) *Attention and Interpretation*. London : Tavistock.（福本 修・平井正三＝訳（2002）精神分析の方法2〈セブン・サーヴァンツ〉．法政大学出版局）

Campart, M. (1996) Matching modes of teaching to modes of learning : a review of Donald Meltzer's ideas. In : R. Berg and M. Campart (eds.), *Methods of Art as Paths to Knowledge*, pp.23-28. Malmö : Lund University.

Harris, M. (1967) The family circle. Reprinted in M.H. Williams (ed.), *The Tavistock Model : Papers on Child Development and Psychoanalytic Training by Martha Harris and Esther Bick*, pp.273-288. London : Harris Meltzer Trust, 2011.

Harris. M. (1968) Consultation project in a comprehensive school. Reprinted in M.H. Williams (ed.), *The Tavistock Model : Papers on Child Development and Psychoanalytic Training by Martha Harris and Esther Bick*, pp.317-344. London : Harris Meltzer Trust, 2011.

Harris, M. (1972) Teacher, counsellor, therapist : towards a definition of the roles. Reprinted in M.H. Williams (ed.), *The Tavistock Model : Papers on Child Development and Psychoanalytic Training by Martha Harris and Esther Bick*, pp.305-317. London : Harris MeltzerTrust, 2011.

Harris, M. (1977) The Tavistock training and philosophy. Reprinted in M.H. Williams (ed.), *The Tavistock Model : Papers on Child Development and Psychoanalytic Training by Martha Harris and Esther Bick*, pp.1-24. London : Harris Meltzer Trust, 2011.

Harris, M. (2007) *Your Teenager*. Single-volume edition of *Your Eleven Year Old, Your Twelve to Fourteen Year Old and Your Teenager* (1969) London : Harris Meltzer Trust.

Meltzer, D. & Harris, M. (1986) Il ruolo educativo della famiglia : un modelo psicoanalitico dei processi di apprendimento. Centro Scientifico Editore, Torino.

Meltzer, D. & Harris, M. (1976) A psychoanalytical model of the-child-in-the-family-in-the-community. In : A. Hahn (ed.), *Sincerity : Collected Papers of Donald Meltzer*, pp.387-454. London : Karnac, 1994.

Whitehead, J. (2009) A History of Woodberry Down Comprehensive School. http://www.locallocalhistory.co.uk/schools/woodberry/index.htm.

は

ま

ら

わ

さ

た

な

索　引

訳者略歴

木部則雄｜きべ のりお

白百合女子大学文学部児童文化学科発達心理学専攻教授、こども・思春期メンタルクリニック。精神保健指定医、日本精神神経学会精神科専門医。京都府立医科大学卒業。聖路加国際病院小児科、帝京大学医学部付属病院精神神経科、タヴィストック・クリニック児童家族部門留学を経て、現職。

主要著訳書　『こどもの精神分析Ⅱ』（単著・岩崎学術出版社［2012］）、『こどもの精神分析――クライン派・対象関係論からのアプローチ』（単著・岩崎学術出版社［2006］）、マーガレット・ラスティンほか『発達障害・被虐待児のこころの世界――精神分析による包括的理解』（監訳・岩崎学術出版社［2017］）、デビット・テイラー『トーキング・キュア――ライフステージの精神分析』（監訳・金剛出版［2013］）、ディディエ・アウゼルほか『自閉症の精神病への展開』（監訳・岩崎学術出版社［2009］）、マーガレット・ラスティンほか『こどものこころのアセスメント――乳幼児から思春期の精神分析アプローチ』（監訳・岩崎学術出版社［2007］）、シルビア・ファノ・キャセッセ『入門メルツァーの精神分析論考――フロイト・クライン・ビオンからの系譜』（共訳・岩崎学術出版社［2005］）ほか。

池上和子｜いけがみ かずこ

東北福祉大学特任准教授。臨床心理士、精神分析的心理療法士。法政大学大学院人間社会研究科修了、博士（学術）。昭和女子大学人間社会学部兼任講師、東京女子大学現代教養学部非常勤講師を経て、現職。

主要著訳書　『英国のリービングケア制度と実践――社会的養護から旅立つ若者への自立支援』（単著・福村出版［2015］）、『格差社会を生き抜く読書（シリーズ ケアを考える）』（共著・筑摩書房（ちくま新書）［2018］）、『日本の大課題 子どもの貧困――社会的養護の現場から考える』（共著・筑摩書房（ちくま新書）［2015］）、ジャン＝ミシェル・キノドス『フロイトを読む――年代順に紐解くフロイト著作』（共訳・岩崎学術出版社［2013］）ほか。

田中健夫｜たなか たけお

東京女子大学現代教養学部教授、臨床心理士。

松本千夏｜まつもと ちなつ

赤坂アイ心理臨床センター、臨床心理士。

解題者略歴

山上千鶴子｜やまがみ ちずこ

ヤマガミ精神分析クリニック代表。京都大学大学院教育学部修士課程（臨床心理専攻）修了、タヴィストック・クリニック（ロンドン）トレーニング・コース（児童サイコセラピスト）修了。

主要著訳書 マーサ・ハリス『児童分析家の語る子どものこころの育ち』（訳・岩崎学術出版社［2016］）、シルビア・ファノ・キャセッセ『入門メルツァーの精神分析論考――フロイト・クライン・ビオンからの系譜』（共訳・岩崎学術出版社［2005］）、メラニー・クライン『児童分析の記録Ⅱ（メラニー・クライン著作集）』（訳・誠信書房［1988］）、メラニー・クライン『児童分析の記録Ⅰ（メラニー・クライン著作集）』（訳・誠信書房［1987］）ほか。

こどものこころの環境《かんきょう》

現代《げんだい》のクライン派家族論《はかぞくろん》

2018年12月 5 日　印刷
2018年12月10日　発行

著者――ドナルド・メルツァー　マーサ・ハリス
訳者――木部則雄　池上和子　田中健夫　松本千夏
解題者――山上千鶴子

発行者――立石正信
発行所――株式会社 金剛出版
〒112-0005 東京都文京区水道1-5-16　電話 03-3815-6661
振替 00120-6-34848

装幀◉戸塚泰雄[nu]　本文組版◉石倉康次　印刷・製本◉音羽印刷

ISBN978-4-7724-1667-2 C3011